MARE BALTICUM

Die Küsten der Ostsee besitzen eine beeindruckende landschaftliche Vielfalt und eine überaus reiche Natur. Dieses Buch vermittelt dazu eine Übersicht.

In 18 Kapiteln wird die gesamte Küste der Ostsee vorgestellt – eingeteilt in jene Abschnitte, welche die Karte zeigt.

KÜSTENLÄNGE DER OSTSEE

Gesamt (exakt mit Inseln und Buchten) über 22.000 km

Gesamt (generalisiert) 7.080 km
davon
Dänemark 800 km
Deutschland 470 km
Polen 380 km
Litauen 75 km
Lettland 475 km
Estland 680 km
Russland 510 km
Finnland 1.230 km
Schweden 2.460 km

Rolf & Matthias Reinicke

MARE BALTICUM

Die Küstenlandschaften der Ostsee

Rolf & Matthias Reinicke

MARE BALTICUM

Die Küstenlandschaften der Ostsee

Texte und Fotos: Rolf Reinicke
Grafiken und Layout: Matthias Reinicke
Mitarbeit: Inge Reinicke

OSTSEE WISSEN

Sommernacht an der Schärenküste im Bottnischen Meerbusen vor Schweden

KÜSTENABSCHNITTE DER OSTSEE

Küstenlandschaften der Ostsee

Beeindruckende Vielfalt

Hier stehen wir nicht an den rauen Ufern eines Weltmeeres – das erkennt man auf den ersten Blick. Am Ufer des ***mare balticum***, des Baltischen Meeres, der Ostsee, dieses kleinen Nebenmeeres des Atlantiks, spüren wir weniger von unbändigen Naturgewalten als an den Küsten der Ozeane. Selten tobt die Brandung, die Wellen erreichen keine so gewaltigen Dimensionen wie auf den Weltmeeren und die Gezeiten bleiben ohne Wirkung.

Zwar dominieren hier ausgedehnte Flachküsten, sanfte Strände und Steilufer geringer Höhe. Wer aber rund um die Ostsee reist, wird eine ungewöhnliche Vielfalt von Küstenlandschaften entdecken: Kreidekliffs, Wanderdünen und Schärengärten, weite Sandstrände und dichte Schilfbestände, Kalksteinklippen und Granitsteilufer, stille Strandseen und weite Buchten. Der wichtigste Grund für diese Vielfalt liegt im unterschiedlichen Baumaterial ihrer Ufer. Weil unsere Ostsee ein kleines, flaches Meer auf dem europäischen Kontinent ist – also ein Epikontinentalmeer – bestehen ihr Boden und ihre Ufer aus den gleichen Gesteinen. Diese sind allerdings in den einzelnen Küstenregionen völlig unterschiedlich in Alter, Entstehung und Beschaffenheit.

Vergleicht man die Ostsee mit den Ozeanen, so ist sie ein junges Meer – erst wenige tausend Jahre alt, ein „Kind der Eiszeit". Deshalb besitzt ihre rund 7.000 Kilometer lange Küste viele recht „jung" wirkende Ufer, an denen die anstürmenden Wellen noch längst nicht so ausgleichend wirkten wie an den Ufern der Weltmeere. Man findet daher an dieser Küste noch eine besonders reiche Gliederung, einen auffallend vielfältigen Formenschatz und eine beständige Veränderung der Konturen ihrer Ufer – eine beeindruckende, an vielen Stellen erlebbare Dynamik.

So ist unsere kleine Ostsee mit ihren drei schmalen Verbindungen zum Weltmeer in vielerlei Hinsicht etwas Besonderes. Wer auf der Erde etwas annähernd Vergleichbares sucht, der wird es wohl nur an den Großen Seen in Nordamerika finden. Dort sind Landschaftsbilder, Entstehungsgeschichte, Gesteine und geologischer Bau durchaus ähnlich – abgesehen davon, dass es sich um riesige Binnenseen handelt.

Dieses Buch möchte die bemerkenswerte Vielfalt und Schönheit der faszinierenden Küstenlandschaften rund um die Ostsee im Überblick zeigen und erklären sowie zum eigenen Entdecken und Erleben anregen. Eine Vollständigkeit ist weder beabsichtigt noch in diesem Rahmen möglich. Die Küsten von Kattegat und Skagerrak bleiben weitgehend unberücksichtigt.

Ausgleichsküsten aus eiszeitlichen Ablagerungen bestimmen das Landschaftsbild an der südlichen Ostseeküste – hier bei Liepaja in Lettland.

Sechs große Inseln – Seeland, Fünen, Lolland, Falster, Langeland und Møn – sowie zahlreiche kleinere bilden im westlichsten Teil der Ostsee einen Archipel mit „mehr Inseln als Meer". Alle diese dänischen Inseln haben „weiche" Ufer, ganz so wie man sie von der deutschen Ostseeküste her kennt. Auch die Küstenformen sind sehr ähnlich. Manche erinnern an vorpommersche Bodden, manche an schleswig-holsteinische Förden. Nur an den Außenküsten zum Kattegat und zur freien Ostsee hin zeigt sich die Uferlinie stärker geglättet.

1

Kreideküste auf Møn

Dronningestolen (der Königinnenstuhl) am Store Klint ist mit 127 Meter Höhe nicht nur das höchste Steilufer dieser Insel, sondern auch das der gesamten Ostseeküste.

Inselküsten Dänemarks

DER GROSSE ARCHIPEL

Insel Fyn

2

2

Fyns Hoved

Der gelbliche Geschiebelehm des Steilufers leuchtet im Abendlicht – ein typisches Bild für zahlreiche Steilufer an der südwestlichen Ostseeküste. Hier bilden überall eiszeitliche Ablagerungen die Basis der Küstenlandschaft: Mergel, Lehm und Sand. Sie leisten den Kräften des Meeres nur wenig Widerstand und unterliegen daher besonders intensiver Abtragung.

Leuchtturm Lindehoved

Der Leuchtturm am Lindehoved auf der Halbinsel Helnæs, an der Südküste von Fünen (Fyn), ist ein Beispiel für mehrere andere Leuchttürme, die vor mehr als 100 Jahren in angemessener Entfernung von der Uferlinie errichtet wurden. Inzwischen ist diese durch fortlaufende Abtragung gefährlich nahe herangerückt.

Insel Fyn

3

3

Halbinsel Hindsholm

Die Halbinsel im äußersten Norden der Insel Fünen ist ein kompliziertes System von kleinen pleistozänen Inselkernen aus Geschiebemergel und holozänen Sandhaken bzw. Nehrungen aus Kies und Geröll (Strandwälle). Manche der Inselkerne zeigen aktive Kliffe. Sie unterliegen heute ebenso der Abtragung wie einige der Strandwälle, die vom Litorina-Meer („Steinzeit-Meer") aufgeschüttet wurden.

Verlandendes Ufer auf Hindsholm

Im inneren Bereich der Buchten werden große Mengen von Algen und Seegras angespült. Auf diesem nährstoffreichen Substrat wachsen die salztoleranten Strandpflanzen besonders üppig. Das führt zu einer raschen Verlandung der Uferzonen.

Die Store Belt-Brücke überspannt mit einer Länge von 2.694 m den Großen Belt zwischen Seeland und Fünen. >

Insel Sjælland

4

Rågeleje-Kliff

An diesem Kliff an der Nordküste der größten Ostseeinsel arbeitete die See noch vor 4.000 Jahren mit großer Intensität. Heute ist es längst inaktiv und bewachsen. Der durch die Landhebung höher gelegene „Steinzeitstrand“ wurde stellenweise bereits bebaut.

5

Stevns Klint

Weiße Schreibkreide aus der Oberkreide lagert hier unter gelblichem Kalkstein aus dem Tertiär. Dieser „klassische“ Aufschluss mit der Kreide/Tertiär-Grenze ist einzigartig und steht als Weltnaturerbe der UNESCO unter Schutz. Weil der Kalkstein etwas härter ist, überragen seine Bänke im oberen Teil des Steilufers die etwas weicheren Schreibkreideschichten. In beiden erkennt man die bandförmigen dunklen Feuersteinbänder.

Nordküste bei Liseleje

Unzählige Sommerhäuser liegen an den nördlichen Ufern der dänischen Hauptinsel. Nur das auf einer weiten Sandfläche wachsende Waldgebiet von Tisvilde Hegn östlich von Liseleje blieb von der Bebauung verschont.

Insel Sjælland

5

Der „Fischmergel" von Rödvig

Zwischen der Schreibkreide (unten) und dem Kalkstein liegt diese dunkle Tonschicht – der „Fischmergel". Er belegt mit seinem hohen Iridiumgehalt jenes katastrophale Ereignis der Erdgeschichte vor etwa 65 Millionen Jahren, in dessen Folge weltweit nicht nur die Saurier, sondern auch viele andere Tiergruppen ausstarben.

Stevns Klint bei Rödvig

Vor dem von Feuersteinbändern durchzogenen Kalksteinkliff liegt ein breiter Geröllstrand aus Feuersteinen – ein Ergebnis der intensiven Abtragung des Steilufers.

Insel Møn

6

6

Kreideausbruch

Die etwa sechs Kilometer lange Kreideküste von Møns Klint bildet das höchste aller Ostseeufer. Sie ist höher und bizarrer als die auf Rügen. Immer wieder kommt es zu spektakulären Uferabbrüchen – wie hier im Frühjahr 2007 am Lille Klint, als der markante Kreidesporn des Store Taler abstürzte. *Foto: Ole Enskeling*

Græderen

Græderen (der Träumende) nennt sich diese über 100 Meter hohe Kreidezinne unmittelbar südlich vom Store Klint. Solche markanten „Kreidefelsen" sind nach Zeiten mit starken Niederschlägen besonders vom Abbruch bedroht. Ein Teil dieser Zinne stürzte zur Jahreswende 2015/16 ins Meer.

Insel Møn

7

Dronningestolen

Der höchste Punkt an der Ostseeküste, der 127 m hohe Dronningestolen (der Königinnenstuhl) am Store Klint, hat keine Aussichtsplattform. Dafür aber bietet der wenig nördlich gelegene, nur einige Meter niedrigere Forchhammers Pynt diesen besonderen Blick auf Dronningestolen (rechts).

Ulvshale – der „Wolfsschwanz"

Im Westen von Møn liegt dieses vom Meer aufgeschüttete Strandwallsystem mit Feuersteinwällen und weiten Sandflächen.

< Im Geocenter Møns Klint sind besonders gut erhaltene Fossilien von Meerestieren aus der etwa 70 Millionen Jahre alten Schreibkreide zu sehen – ähnlich wie dieser Seeigel.

Südfünisches Inselmeer

8

8

„Dänische Südsee"

So bezeichnet man gern die zahlreichen kleinen Inseln und Sandbänke südlich von Fünen (Fyn) – das Südfünische Inselmeer. Es gilt als eines der schönsten Segelreviere der Ostsee und ist bei dänischen wie deutschen Wassersportlern gleichermaßen beliebt. Es besitzt viel Ähnlichkeit mit der vorpommerschen Boddenlandschaft.

Der Sandhaken Albuen

An der Westküste von Lolland, am Langelandsbelt, erstreckt sich einer der markantesten Sandhaken der Ostsee – Albuen. Wer sich nicht nur gern an feinsandigen Stränden mit Naturdünen sonnt, sondern gleichzeitig gern wandert, der findet im Albuen-Leuchtturm ein ideales Ausflugsziel. Fast sechs Kilometer lang ist der zwischen Belt und Nor verlaufende Weg dorthin.

Insel Falster

9

Hesnæs

Der Buchenwald am Kliff von Hesnæs im äußersten Nordosten von Falster vermittelt ein Landschaftsbild wie es vor 1.500 Jahren noch an vielen anderen Stellen der westlichen Ostsee zu finden war – bevor der Mensch die Axt an die prächtigen Buchenwälder legte. Heute reichen eher blühende Rapsfelder bis an die Kante des Steilufers.

Gedser Odde

Die Südspitze von Falster – gleichzeitig der südlichste Punkt Dänemarks – schiebt sich weit hinaus ins Meer. So eben wie die Oberkante dieses Steilufers ist auch die gesamte Insel Falster.

Die dänischen Inseln sind reich an markanten Bodendenkmalen: Großsteingrab am Ristinge-Kliff im Süden von Langeland. >

Im äußersten Westen der Beltsee liegt eine für diesen Ostseeraum charakteristische Ausgleichsküste. Aber sie zeigt Besonderheiten: einige tief ins Land hinein ragende Meeresarme – die Förden. Manche erinnern an einen stillen Fluss, andere bilden breite Buchten. Sie alle wurden von Gletscherzungen ausgeschürft. Diese schoben sich als Ausläufer von der Hauptmasse des Inlandeises in Täler hinein, durch die sich vorher Schmelzwassermassen ihren Weg gesucht hatten. Die Förden üben auf den Menschen seit jeher eine große Anziehungskraft aus. Ihre innersten, geschützten Bereiche zählen zu den beliebtesten Siedlungsräumen an der gesamten Ostsee – dort liegen heute die Städte.

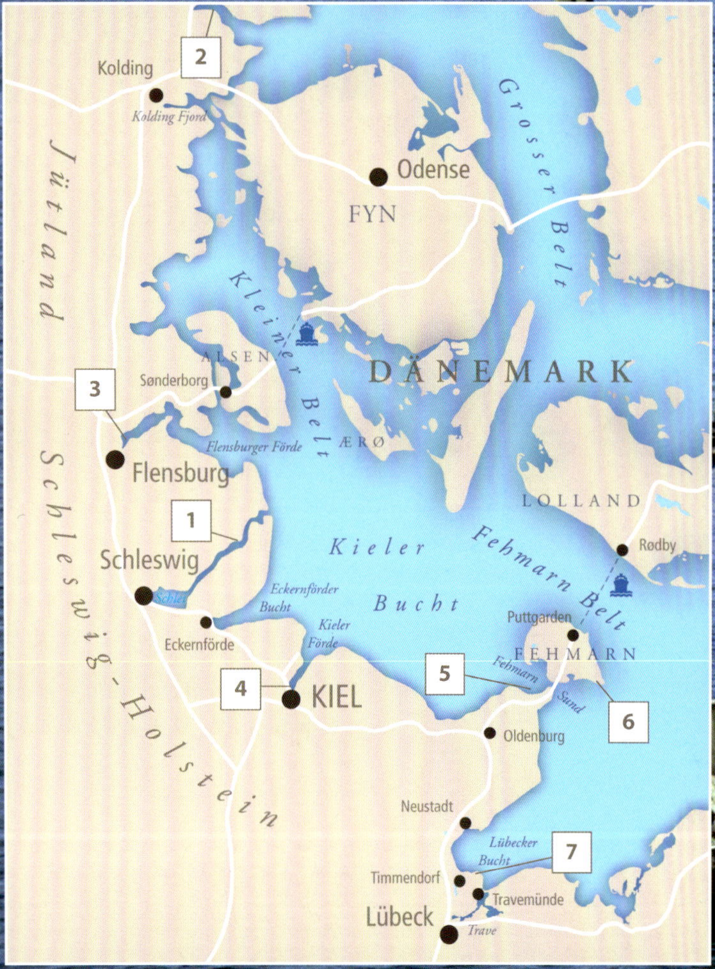

1

Die Schlei bei Kappeln

Dieses Gewässer ist kein Fluss, sondern ein schmaler, langgestreckter Meeresarm, die längste aller Förden. Davon zeugt auch der einzige noch funktionstüchtige Heringsfangzaun an der gesamten Ostseeküste: Heringe werden nur im Meer gefangen.

Fördenküste

SÜD-JÜTLAND UND SCHLESWIG-HOLSTEIN

Koldingfjord

2

[2]

Koldingfjord

Der Blick über die Förde nach Osten zeigt auch die engste Stelle des Kleinen Belts zwischen der dänischen Halbinsel Jütland und der Insel Fünen. Dieser Sund ist die schmalste der drei Verbindungen zwischen Ostsee und Atlantik.

[3]

Flensburger Förde

Die breite Förde endet in einem schmalen, von hohen Moränenufern gesäumten Zipfel, an dem – sehr geschützt – die Stadt Flensburg liegt. Der westlichste Punkt dieser Förde ist auch der westlichste der gesamten Ostsee. *Foto: LKN SH*

Die Entstehung einer Förde

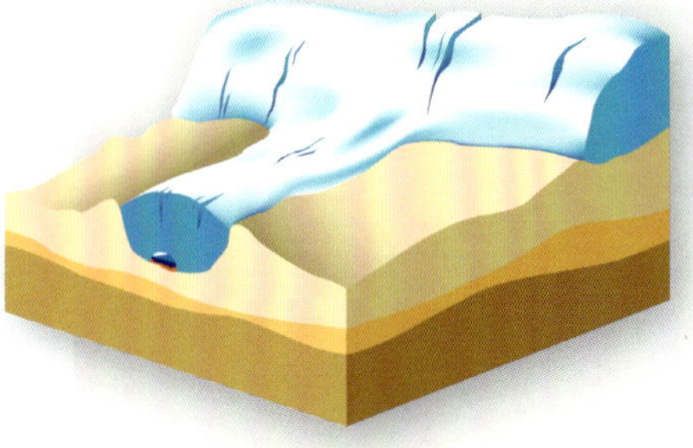

Ein vorhandenes Flusstal wird durch eine Gletscherzunge ausgeschürft.

Nach dem Schmelzen des Eises durchfließt ein Fluss das steilwandige Tal.

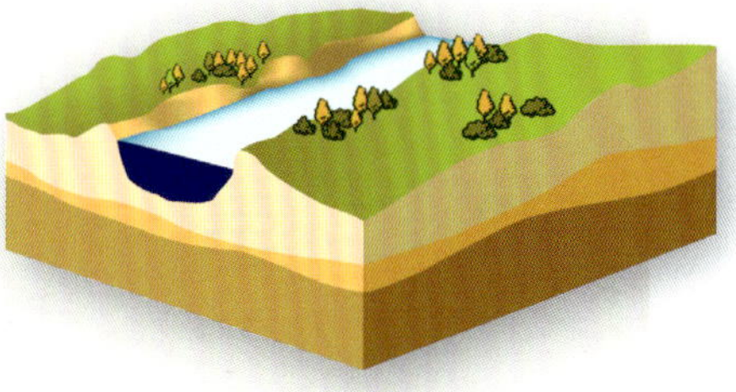

Beim Anstieg des Meeresspiegels wird das Tal überflutet und zu einer Förde.

Flensburger Förde

3

Blick über die Flensburger Förde

Von den hoch gelegenen Feldern der Halbinsel Kegnæs auf Alsen reicht der Blick über den östlichsten, breitesten Teil des Meeresarmes, bis hin zur Küste von Angeln bei Gelting.

Kliff bei Stohl

Nur wenig westlich vom Eingang zur Kieler Förde liegt dieses vom Meer immer wieder stark beanspruchte Steilufer. Es weicht in vielen Jahren etwa einen halben Meter zurück.

Kieler Förde

4

Kieler Förde

Auch die Landeshauptstadt Schleswig-Holsteins entstand einst am innersten, schmalsten Ende einer tiefen Förde.
Foto: Sándor Kotyrba

5

Graswarder

Die fächerförmige Anordnung der Strandwälle dieses markanten Sandhakens vor Heiligenhafen verdeutlicht ihre Entstehung: Jede schwere Sturmflut schuf einen neuen Strandwall. Seeseitig hat das Meer die Basis der älteren Strandwälle längst wieder gekappt, den Sand weiter zur Spitze hin transportiert und dort erneut aufgeschüttet.
Foto: Klaus Dürkop

Strand vor Hohwacht

Sandige Strände im Wechsel mit niedrigen Steilufern bestimmen das Bild im innersten Teil der Hohwachter Bucht. Vorn blühender Meerkohl, die stattlichste „Salzpflanze" an der Ostseeküste.

< Blühender Meerkohl

Halbinsel Graswarder

5

Salzwiesen auf dem Graswarder

Die charakteristischen Salzwiesen auf der Binnenseite des Sandhakens entstanden durch Verlandung und Beweidung. Sie sind ein besonders wertvolles Vogelschutzgebiet.

Ufer am Graswarder

Der sandig-steinige Außenstrand des Graswarder unterliegt beständiger Abtragung durch das Meer. Die hier noch vorhandenen Sommerhäuser stehen daher in recht gefährdeter Position.

Insel Fehmarn

6

6

Kliff am Staber Huk

Wie auf dem Festland, so sind auch auf Fehmarn, der einzigen Ostseeinsel Schleswig-Holsteins, die Steilküsten meist niedrige Kliffe aus Lehm und Mergel.

7

Travemünde

Vor dem Mündungstrichter der Untertrave, der östlichsten aller Förden, schüttete die Ostsee eine sandige Nehrung auf – den Priwall. Im dahinter entstandenen Strandsee, der Pötenitzer Wiek, staute sich das Wasser der Trave. Es durchbrach den Priwall und schuf die heutige, vom Menschen später vertiefte Travemündung.

Geschiebe-Blockstrand auf Fehmarn

So dicht wie hier am Staber Huk sind nur noch wenige Strände an der südlichen Ostsee mit Findlingen bestreut. Die meisten hat der Mensch früher als begehrtes Baumaterial gespalten und abtransportiert.

Mündung der Trave

Brodtener Ufer

Dieses markante Steilufer westlich von Travemünde weicht noch immer um mehr als einen halben Meter pro Jahr zurück – eine beeindruckende natürliche Küstendynamik in unmittelbarer Nähe der Touristenhochburgen an der Lübecker Bucht.

Seesterne leben nur im westlichsten Teil > der Ostsee. Man findet sie nach Stürmen an manchen Stränden Schleswig-Holsteins.

Ein „Kind der Eiszeit“

Eis – See – Meer – See – Meer — Die kurze Geschichte eines jungen Meeres

Bereits lange vor der Eiszeit gab es die „Ostsee-Depression“, eine flache Senke, durch die sich später das Inlandeis schleifend und schürfend nach Süden schob. Dabei erhielt das Ostseebecken seine heutige Form – es entstand der „größte Fjord der Welt“. Die gigantischen Lockermassen, die das Eis während mehrfacher Vorstöße ausschürfte und bewegte, findet man als Ablagerungen hauptsächlich an der Südküste der Ostsee.

Mehrmals hatte sich das Inlandeis, das stellenweise eine Dicke von über 3.000 Metern erreichte, von den nordeuropäischen Hochgebirgen aus über ganz Skandinavien ausgebreitet und sich weit nach Süden geschoben. Jeder Eisvorstoß hinterließ großflächig Ablagerungen – sowohl Moränen als auch Schmelzwasserbildungen – und formte so eine neue Landschaft.

Zwischen den drei großen Vereisungen war es zeitweise so warm, dass die Gletscher völlig abschmolzen und sich Vorläufer der Ostsee entwickeln konnten. Über deren Küstenlinien und die Beschaffenheit ihrer Ufer ist wenig bekannt. Erst durch den letzten großen Eisvorstoß, am Ende der Weichselvereisung, erhielt das südliche Küstengebiet der Ostsee sein heutiges Relief. Die jüngsten Moränen sind nicht viel älter als 12.000 Jahre. Den Festgesteinen der nördlichen Küsten verpassten die jüngsten Gletscher zur gleichen Zeit ihren „letzten Schliff“.

Während der großen Vereisungen hatten die gewaltigen Eismassen so viel Wasser an sich gebunden, dass der Spiegel der Weltmeere weltweit um bis zu 120 Meter absank. Mit dem Abschmelzen des Inlandeises stieg auch der Meeresspiegel allmählich wieder an. Zusammen mit einer beständigen Landhebung war dieses Phänomen bestimmend für die dynamische Entwicklung der Ostsee und ihrer sich stetig verändernden Küsten.

Der Baltische Eissee
(11.000 bis 10.000 Jahre vor heute)

Als die Gletscher der letzten Vereisung schmolzen, bildete sich in der Ostsee-Senke ein gewaltiger Süßwassersee. Die längste Zeit des Jahres trug dieser See, der vom Inlandeis im Nordwesten angestaut wurde, eine feste Eisdecke. Im Sommer trieben zahlreiche Eisberge vom Inlandeis nach Süden und verfrachteten dabei zahlreiche „Findlinge“ – große Gesteinsbrocken.

Das Yoldia Meer
(10.000 bis 9.000 Jahre vor heute)

Als das Eis im Gebiet der Mittelschwedischen Senke abschmolz, lag deren Grund noch so tief, dass Nordseewasser in die Ostsee-Senke eindringen konnte. So wurde der See zum Meer – zum Yoldia-Meer, so genannt nach der dickschaligen Islandmuschel Yoldia arctica.

Geschiebe, auch „Findlinge“ genannt, sind die markantesten Zeugen der Eiszeit. Man findet sie gehäuft an vielen Ufersäumen rund um die Ostsee – hier an der Außenküste von Blekinge/Schweden.

Der Ancylus-See

(9.000 bis 8.000 Jahre vor heute)

Durch die fortlaufende Landhebung lief die Mittelschwedische Senke trocken. Damit ging die Verbindung zwischen Yoldia-Meer und Weltmeer verloren. Das Meer wurde wieder zum See, der seinen Namen von der für ihn charakteristischen Süßwasserschnecke Ancylus fluviatilis erhielt.

Das Litorina-Meer

(8.000 bis 2.000 Jahre vor heute)

Durch den weiteren raschen Anstieg des Meeresspiegels überflutete das Nordseewasser Belte und Sund. Der See wurde erneut zum Meer – zum Litorina-Meer, so genannt nach der Gemeinen Strandschnecke Litorina litorea.

Vor ungefähr 4.000 Jahren erreichte der Wasserspiegel seinen heutigen Stand. Seither unterliegt er nur geringfügigen Schwankungen.

Die sanft geschwungene mecklenburgische Ausgleichsküste wird in ihrem Verlauf nur von der Wismarbucht unterbrochen. Diese Bucht stößt mit ihren Seitenarmen so tief nach Süden gegen die Endmoränenhöhen ihrer Umrandung vor, dass ihr südliches Ende nahe der Hansestadt Wismar auch den südlichsten Punkt der gesamten Ostsee bildet. Eine breite Gletscherzunge schürfte gegen Ende der letzten Vereisung die flache Senke der heutigen Bucht aus. Östlich und westlich von ihr verläuft die Küste „störungsfrei“. Während im Westen niedrige, lehmige Steilufer dominieren, gibt es östlich der Warnow nur sandige Flachküste.

1

Der „Gespensterwald“

Bei Nienhagen westlich Warnemünde – So wie dieses Steilufer mit seinem skurrilen Buchenhochwald haben früher viele Hochufer an der Mecklenburger Bucht ausgesehen – bevor der Mensch die Wälder rodete und der fruchtbare Lehm zu Ackerboden wurde.

Küste Mecklenburgs

UFER ZWISCHEN TRAVE UND RECKNITZ

Westlicher Küstenabschnitt

2

Kleinklützhöved

Das Luftbild zeigt die typische Küstenlandschaft Westmecklenburgs mit niedrigen, meist bewaldeten Steilufern und schmalen, sandigen oder steinigen Stränden. Nur einige wenige Abschnitte unterliegen der Abtragung.

3

Westkliff der Insel Poel

Auch dieses niedrige Steilufer aus Geschiebemergel und -lehm zählt zu den am stärksten von der Abtragung betroffenen an der deutschen Ostseeküste. Es weicht in manchen Jahren einen halben Meter zurück.

Kliff am Brooker Holz

An der westmecklenburgischen Küste zwischen Priwall und Boltenhagen sind solche aktiven Steilufer nur hier am Brooker Holz sowie an Klein- und Großklützhöved zu finden.

< Der Austernfischer brütet auf dem Rustwerder.

Insel Poel

3

Rustwerder – Fauler See

Der Rustwerder auf Poel mit seiner interessanten Vogel- und Pflanzenwelt ist ein beweidetes Strandwall- und Hakensystem, durch das der Faule See – eine Brackwasserlagune – nahezu von der Wismarbucht abgeschnitten wird.

Großklützhöved

Das Luftbild vermittelt sehr deutlich die vorgeschobene Position des höchsten Steilufers im westlichen Küstenabschnitt Mecklenburgs. Durch Rutschungen und Abbrüche weicht hier die Küste durchschnittlich um 30 cm pro Jahr zurück.

Insel Langenwerder

4

4

Langenwerder und Boiensdorfer Werder

Die flache Grasinsel Langenwerder (unten) vor der Nordostecke der Insel Poel entstand aus vom Meer aufgeschütteten Strandwällen. Die Halbinsel Boiensdorfer Werder (links darüber) ist dagegen ein eiszeitlicher Inselkern, der durch eine Nehrung mit dem Festland verbunden wurde.

5

Der „Heilige Damm"

Der Strandwall nahe dem Ostseebad Heiligendamm wurde im Mittelalter bei einer schweren Sturmflut aufgeschüttet. Er schnitt eine tiefe Bucht vom offenen Meer ab. Dabei entstand ein großer Strandsee – der Conventer See. Einst füllte er die gesamte Niederung aus. In jüngster Vergangenheit wurde er teilweise trockengelegt und drohte zu verlanden. Inzwischen schuf man wieder eine Verbindung zur Ostsee, die einen Wasseraustausch ermöglicht.

Strand vor dem Ostseebad Rerik

Vor den niedrigen Steilufern an der Mecklenburger Bucht liegen einige schmale Sandstrände. Dieser vor Rerik wurde durch Aufspülung künstlich verbreitert.

Conventer See-Niederung

Steilufer der Stoltera

Das markante Kliff westlich von Warnemünde zeigt verschiedenartige eiszeitliche Ablagerungen.

Geschiebe-Geröllstrand vor der Stoltera

An diesem Strand wird die Vielfalt der nordischen Geschiebe besonders deutlich.

Das Stolterakliff

Der etwa drei Kilometer lange Küstenstreifen wird gern als geologisches Anschauungsobjekt für eiszeitliche Ablagerungen und Küstendynamik genutzt.

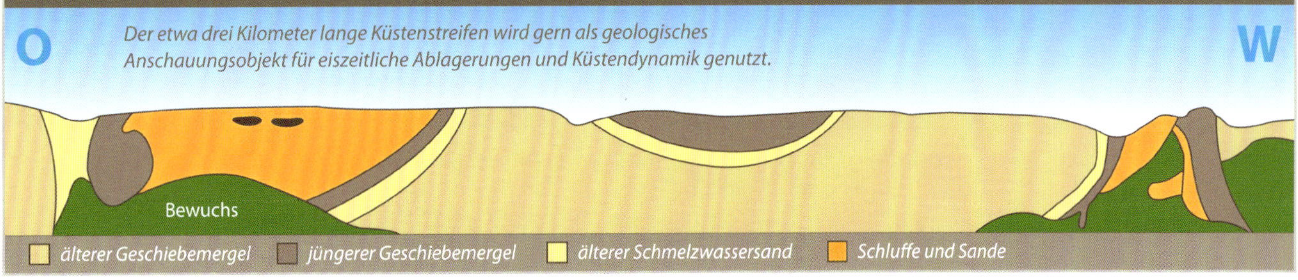

Mündung der Warnow

6

6

Die Mündung der Warnow

Der einst sehr breite Mündungstrichter der Warnow wurde durch eine Nehrung (die Hohe Düne) abgeschnürt und zum heutigen Breitling, einem Haff. Der Fluss hatte danach echte „Mündungsprobleme". Der Mensch hat sie gelöst: Er baggerte einen Mündungskanal und baute lange Steinmolen. Diese aber unterbrechen den natürlichen Materialtransport von West nach Ost. Vor der Westmole häuft sich jetzt der Sand an und bildet den herrlich breiten Warnemünder Strand. Doch im Osten, vor Hohe Düne, fehlt der Sand. So gibt es in der eigentlich glatt verlaufenden Küstenlinie an der Warnowmündung einen Sprung. An ihm ist sie einige hundert Meter nach Süden versetzt. Recht ähnliche Verhältnisse bestehen an einigen anderen Flussmündungen der südlichen Ostseeküste.

Strand, Düne, Hafeneinfahrt

Der bis zu 300 Meter breite Strand von Warnemünde ist der breiteste und am stärksten frequentierte in Mecklenburg-Vorpommern.

Mündung der Recknitz

7

Recknitzmündung und Ribnitzer See

Im entlegensten Teil der Darß-Zingster Boddenkette mündet die Recknitz, der historische Grenzfluss zwischen Mecklenburg (links) und Vorpommern. In ihrem breiten Urstromtal staute sich beim Anstieg des Meeresspiegels das Wasser. Dort entstanden später weite Talmoore, deren Schilfwälder heute den Fluss säumen. Der flache, schmale Landstreifen im Hintergrund – das Vorland des Fischlandes – ist eine Nehrung, durch die Ribnitzer See (links) und Saaler Bodden abgeriegelt wurden.

Ostseebad Graal-Müritz

Umgeben von der Rostocker Heide, dem größten zusammenhängenden Küstenwald in Deutschland, besitzt Graal-Müritz einen langen, breiten Badestrand.

Dynamik der Küste

Das Meer zerstört – das Meer baut auf.

Beständig arbeitet das Meer an seinen Ufern. Am stärksten entfaltet es seine Kräfte, wenn es als Sturmflut gegen die Küste tobt. Besonders dann wird das an den Steilküsten gelockerte Material von den anstürmenden Wellen abgetragen und parallel zum Ufer transportiert – die gröberen Bestandteile wie Gerölle nur ein Stückchen, die feinen wie Sand oft über weite Entfernungen. Dort, wo das Wasser seine Transportkraft verliert – in Buchten oder hinter Landvorsprüngen – kommt es zur Ablagerung. Dabei werden Sandbänke und Strandwälle aufgeschüttet, aus denen Sandplatten, Sandhaken und Nehrungen entstehen, die sich alsbald mit Dünen überziehen.

Am leichtesten hat es die Ostsee bei diesem Küstenausgleich an ihren „weichen" Ufern im Süden und Südwesten. Das abschließende Ergebnis dieser Küstendynamik ist eine Ausgleichsküste mit sanft geschwungener Küstenlinie, ohne Buchten oder Halbinseln. Einstige Buchten wurden zu Strandseen, Halbinseln im Laufe der Zeit abgetragen. Lange Abschnitte der polnischen und lettischen Ostseeufer sind solche Ausgleichsküsten. Auch wenn der Küstenausgleich abgeschlossen erscheint, transportiert das Meer mit seiner nie erlahmenden Transportkraft auch weiterhin gewaltige Sandmassen hin und her.

Ein Spezialfall der Ausgleichsküste ist die Nehrungsküste im Baltikum. Mit der Frischen Nehrung und der Kurischen Nehrung hat die Ostsee hier für ihre Verhältnisse wahrhaft gewaltige Bauwerke geschaffen.

An den „harten" Ufern der kristallinen Gesteine des Baltischen Schildes, vermag das Meer kaum etwas abzutragen. Dafür arbeitet es dort mit den vorhandenen Lockermassen. Bedingt durch die Landhebung entstehen einerseits bei Sturmfluten die charakteristischen Strandwälle aus Geröll. Andererseits verlanden flache Meeresarme. Aus dem trocken gelaufenen Ostseeboden entstehen weite, ebene Areale aus sandigen bis tonigen Ablagerungen, oft sehr fruchtbares Ackerland.

Dynamik an den „weichen" Südküsten der Ostsee

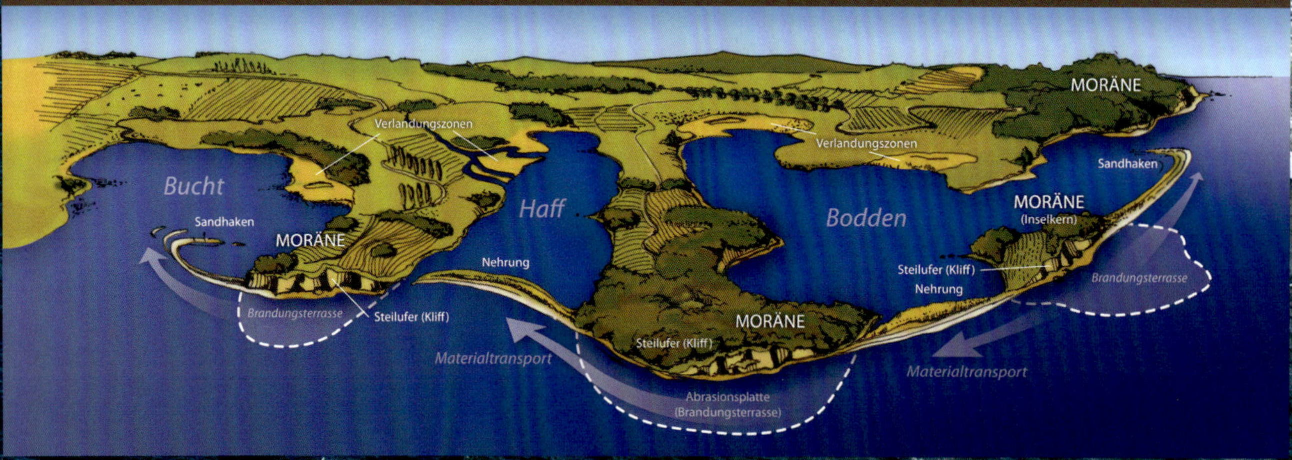

Küste in Bewegung – Der Sandhaken an der Spitze des Neudarß, einem gewaltigen Strandwallsystem an der vorpommerschen Küste, wird beständig vom Meer „umgebaut".

Beispiele von Küstendynamik

Abbruch an einem „weichen" Steilufer aus eiszeitlichen Ablagerungen auf Hiddensee

Abtragung von Lockermaterial an einem Geschiebelehmkliff auf Rügen

Sandhaken, frisch vom Meer aufgeschüttet, auf Mönchgut/Rügen

Strandwall aus Geschieben nahe Skelleftea an der Bottenwiek

Im äußersten Nordosten von Mecklenburg-Vorpommern liegen Deutschlands landschaftlich schönste, am reichsten gegliederte und am wenigsten vom Menschen veränderte Meeresufer. Durch die zwischen Ostsee und Festland gelegene Boddenkette ist eine ungewöhnliche Doppelküste entstanden, für die es im Ostseeraum nichts Vergleichbares gibt. Zwei Nationalparke, ein Biosphärenreservat und viele Naturschutzgebiete sollen diese phantastische Küstenlandschaft auf Dauer schützen.

1

Kreideküste im Nationalpark Jasmund

Die vor 67 Millionen Jahren im Kreidemeer entstandene weiße Schreibkreide bildet zwischen Sassnitz und dem Königsstuhl ein rund zwölf Kilometer langes Steilufer – Deutschlands höchster Küstenabschnitt.

Küste Vorpommerns

FISCHLAND-DARSS-ZINGST, HIDDENSEE, RÜGEN UND USEDOM

Halbinsel Fischland

2

Zwischen Meer und Bodden

Der schmale Landstreifen des Fischlandes trennt die westlichen Bodden der Darß-Zingster Boddenkette (links) vom offenen Meer ab. Er besteht aus dem Inselkern des Hohen Fischlands zwischen den Ostseebädern Ahrenshoop (unten) und Wustrow sowie zwei Nehrungen, die ihn im Süden mit dem Festland und im Norden mit der Halbinsel Darß verbinden.

Fischland-Hochufer

Der Inselkern des Hohen Fischlandes unterliegt an diesem Kliff beständig starker Abtragung. Dabei liefert er riesige Mengen von Sand und Kies – das Baumaterial für die sandigen Nehrungen und für den Darß.

< Zeesboote auf dem Bodstedter Bodden

Halbinsel Darß

3

3

Einzigartiger „Streifenteppich"

Der im Laufe der vergangenen 2.000 Jahre entstandene Neudarß ist ein beeindruckendes, für die deutsche Küste einzigartiges Bauwerk der Ostsee aus parallel verlaufenden, schmalen, lang gestreckten Strandwällen (Reffe). Zwischen ihnen liegen feuchte Senken (Riegen) – durch Strandwälle abgeschnürte einstige Strandseen.

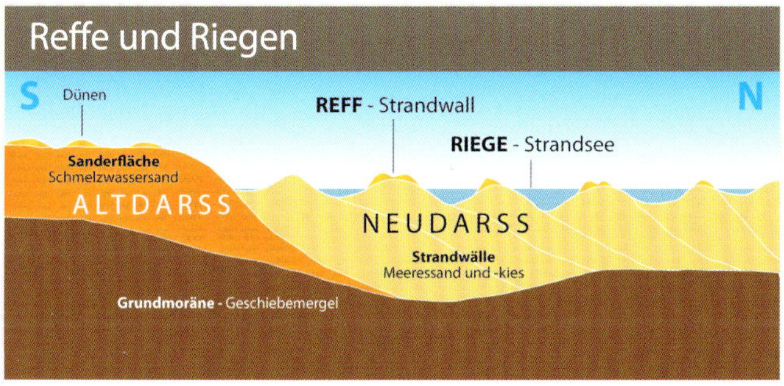

Jede Sturmflut schüttete einen weiteren Strandwall in das Wasser der Darß-Senke vor dem Altdarß. So wuchs der Neudarß im Laufe der vergangenen zwei Jahrtausende um sieben Kilometer nach Norden. Heute sind die Riegen fast vollständig verlandet. In ihnen wachsen Erlenbruchwälder. Die älteren Reffe im Süden sind mit Buchenwald, die jüngeren im Norden mit Kiefernwald bestanden. (Geologischer Schnitt – Schema)

Reff – Von Dünen bedeckter Strandwall mit Buchenwald

Riege – Verlandeter Strandsee mit Erlenbruchwald

Halbinsel Darß

4

Weststrand bei Sturmflut

Bei einem Wasserstand von 1,50 m über Normal und Sturm aus Nordwest trägt das Wasser in kurzer Zeit große Mengen lockeren Sandes vom Dünenkliff ab.

Darßer Ort

Der am Weststrand abgetragene Sand wird vom Wasser parallel zum Ufer nach Norden transportiert und hier an der Landspitze Darßer Ort wieder abgelagert.

Halbinsel Zingst

5

4

Darßer Weststrand

Vor dem niedrigen Dünenkliff des Neudarß erstreckt sich ein breiter Sandstrand. Dieses friedliche Küstenbild aus dem Nationalpark Vorpommersche Boddenlandschaft verrät nichts von der Dynamik, der dieser Uferabschnitt oft ausgesetzt ist. Bei einer Sturmflut weicht das niedrige Dünenkliff manchmal innerhalb weniger Stunden um viele Meter zurück. Vom Wind angewehter Sand verdeckt oft rasch die Sturmschäden.

5

Ostzingst und Insel Bock

Durch beständigen Sandtransport längs der Küste entstand östlich Pramort (rechts oben) ein ausgedehntes Flachwassergebiet mit dem Windwatt (rechts) und kleinen Inseln (Werder). Die Insel Bock (rechts unten) besteht dagegen aus aufgespültem Sand, der beim Ausbaggern der Fahrrinnen anfiel.

Boddeninseln vor Zingst

Die flachen Inseln Kirr und Barther Oie im Barther Bodden wurden beständig beweidet, So entwickelten sich hier die charakteristischen Salzweiden mit Wiesenprielen und flachen Tümpeln.

Ummanz, Westrügen und Hiddensee

6

Flache Boddenlandschaft

Die flache, reich gegliederte Boddenküste im Westteil der Insel Rügen mit der Insel Ummanz steht im Kontrast zu der hügeligen auf Südostrügen. An der geglätteten Außenküste von Hiddensee (oben) bildet nur der Dornbusch eine markante Erhebung.

Vereister Bodden

Auf den flachen, stillen Bodden bildet sich im Winter rasch eine geschlossene Eisdecke. Zur von der Schiffsversorgung abhängigen Insel Hiddensee muss dann das Eis gebrochen werden.

< Schilfrohrhocken am Ufer des Kubitzer Boddens

Stralsund und Strelasund

7

7

Hansestadt Stralsund

Die historische Altstadt der Hansestadt Stralsund, heute UNESCO-Welterbe, wurde auf einer Moräneninsel vor dem festländischen Ufer des Strelasunds gebaut.

Am Strelasund

Der langgestreckte, schmale Strelasund trennt die Insel Rügen vom Festland und verbindet den Kubitzer Bodden mit dem Greifswalder Bodden.

Was sind eigentlich „Bodden"?

Sie sind weder Meer noch Binnensee, sondern eine bemerkenswerte Besonderheit der Küstenlandschaft: einstige Buchten der freien Ostsee, heute weitgehend – aber nicht völlig – vom Meer abgeschnitten.

Insel Hiddensee

8

Dornbusch und Dornbuschkliff

Der Dornbusch ist eine gestauchte Moräne und bildet einen hohen Inselkern. Sein markantes Steilufer unterliegt einer beständigen Abtragung und weicht durchschnittlich um 30 bis 60 Zentimeter pro Jahr zurück. Von hier stammt das Lockermaterial, aus dem Bessine und Gellen aufgebaut wurden.

9

Bauwerke des Meeres

Eine beeindruckende Küstendynamik bestimmt das Bild des Nordens der Insel Hiddensee. Der umfangreichen Abtragung am Dornbuschkliff steht die enorme Anlandung im Bereich der Bessine gegenüber. Der Neue Bessin (rechts) wuchs zeitweise 40 Meter pro Jahr in die Länge.

Entstehung der Insel Hiddensee

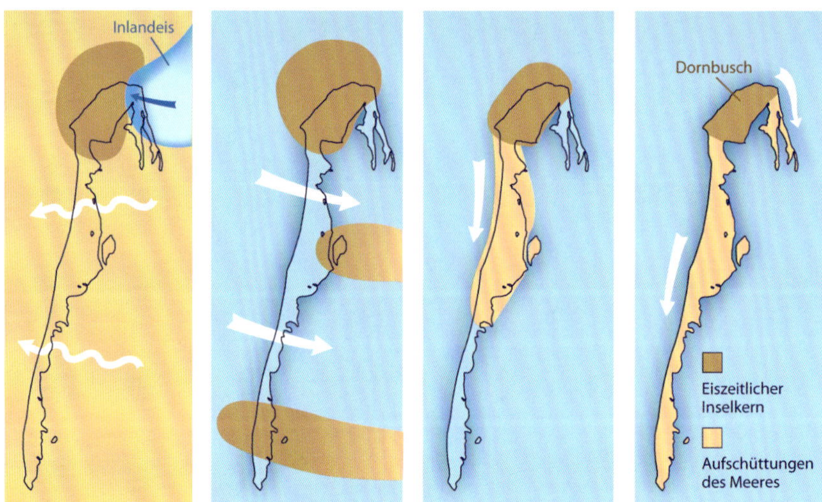

Vor ca. 15 000 Jahren *schmolz das Inlandeis. Dabei stieß kurzzeitig eine Eiszunge vor und stauchte die Dornbuschmoräne. Schmelzwässer überfluteten das Gebiet.*

Vor ca. 5 500 Jahren *hatte das Meer bereits die flachen Teile der Küstenlandschaft überflutet. Drei Inselkerne ragten noch aus dem Wasser.*

Vor ca. 1 000 Jahren *hatte das Meer den Dornbusch-Inselkern bereits stark abgetragen und südlich von ihm ein großes sandiges Flachland aufgeschüttet.*

Heute *trägt das Meer den Dornbusch-Inselkern weiterhin ab. Am Gellen im Süden und am Neuen Bessin im Norden baut es neues Land auf.*

Insel Hiddensee

Gellen

Schmale, langgestreckte Strandwälle sind Ursache für die streifenförmige Struktur dieses Sandhakens. Auch hier hinterließ jede schwere Sturmflut einen neuen Strandwall.

Dünenheide nahe Neuendorf

Das Dünengebiet auf alten Strandwällen wurde über die Jahrhunderte intensiv beweidet. Daher entwickelte sich hier kein Wald, sondern eine charakteristische Zwergstrauchheide.

Insel Rügen – Halbinsel Wittow

10

Kap Arkona

Die nahezu ebene Halbinsel Wittow steigt langsam nach Nordosten an und bricht hier am Kap Arkona mit einem dramatischen Kreidekliff zur Ostsee ab. Ein Steinwall schützt nur den bewaldeten Uferabschnitt auf Höhe der Leuchttürme vor weiterer Abtragung.

Der „Siebenschneiderstein", ein 90 t schwerer Granitfindling, markiert zuverlässig Gell Ort – den nördlichsten Punkt der Insel Rügen.

v

Die Schaabe

Die größte Nehrung an der vorpommerschen Küste verbindet die ebene Halbinsel Wittow (im Vordergrund) mit der hügeligen Halbinsel Jasmund. Durch sie wurde aus einer tiefen Ostseebucht der Große Jasmunder Bodden (rechts).

Insel Rügen – Halbinsel Jasmund

11

11

Der Königsstuhl

Mit 118 Metern Höhe ist der Königsstuhl an der etwa zwölf Kilometer langen Kreideküste im Nationalpark Jasmund das höchste Steilufer an der gesamten deutschen Küste. Der markante Kreidesporn hat sich über die Jahrhunderte wenig verändert.

„Kreidefelsen auf Rügen"

Diese Zinnen in der Kleinen Stubbenkammer unweit vom Königsstuhl dienten Caspar David Friedrich als Motiv für sein weltberühmtes Gemälde von 1820.

< Königsstuhl – Sicht vom Äser Ort

Insel Rügen – Halbinsel Jasmund

12

Stubnitzkliff

Die etwa 67 Millionen Jahre alte Schreibkreide ist ein aus den Schalenresten winziger Meeresorganismen bestehender weicher Kalk. Er bildet diese markanten Steilufer zwischen Sassnitz und dem Königsstuhl im Nationalpark Jasmund – ein vom Buchenwald der Stubnitz (Weltnaturerbe) bekröntes Kreidekliff.

Wissower Klinken und Ernst-Moritz-Arndt-Sicht März 1999

Die Wissower Klinken waren über zwei Jahrhunderte die spektakulärsten Zinnen der Jasmunder Kreidekliffe – ein beliebtes Touristenziel.

Wissower Klinken und Ernst-Moritz-Arndt-Sicht März 2005

Im ausgehenden Winter 2005 stürzte der größte Teil der Zinnen auf den Strand. Seither modelliert die Natur an einem neuen Blickfang.

Feuersteine und Kreidefossilien vom Geröllstrand der Kreideküste
v

Insel Rügen – Ostküste

13

13

Blick vom Jagdschloss Granitz

Vom Turm des Jagdschlosses bietet sich die beste Aussicht auf die Insel Rügen. Dieser Blick nach Nordwesten zeigt die besonders schöne landschaftliche Lage des Ostseebades Binz am Rande des Endmoränengebietes der Granitz.

Sommerstrand in Binz

Rügens größter Badeort liegt zu Füßen der waldreichen Hügellandschaft der Granitz und zum großen Teil auf dem südlichen Ausläufer der sandigen Nehrung der Schmalen Heide. Der breite Binzer Badestrand ist der am meisten besuchte auf Rügen.

Insel Rügen – Halbinsel Mönchgut

14

14

Blick vom Großen zum Kleinen Zicker

Ohne die weidenden Schafe bliebe diese offene Landschaft keinesfalls so, wie sie ist. Sollte die Beweidung eingestellt werden, überzöge sich der Große Zicker alsbald mit dichtem Strauchwerk.

15

Der Süden von Mönchgut

Die reich gegliederte Halbinsel zwischen Pommerscher Bucht und Greifswalder Bodden zählt zum wertvollsten Inventar des Biosphärenreservates Südost-Rügen.

Inselkerne, Nehrungen und Verlandungszonen auf Mönchgut

Mit der Transgression des Meeres entstand hier ein Archipel aus fünf höheren Inselkernen. Sie wurden anschließend durch Nehrungen untereinander und mit dem Inselkern der Granitz verbunden. In ihrem Hinterland bildeten sich weite Verlandungsflächen. So entwickelte sich die ungewöhnliche landschaftliche Vielfalt.

Halbinsel Alt Reddevitz

Insel Rügen – Halbinsel Mönchgut

15

Lehmkliff am Reddevitzer Höft

Der trockene Geschiebelehm der Grundmoräne setzt Meer und Bodden viel größeren Widerstand entgegen als lockerer Schmelzwassersand. Daher entsteht oft ein lotrechtes Steilufer, das bei Trockenheit recht stabil ist.

Ostufer der Insel Vilm

Die bewaldete Insel im Greifswalder Bodden westlich von Mönchgut ist ein besonders schützenswertes, vom Menschen wenig verändertes, artenreiches Naturareal mit wertvollem alten Baumbestand.

Insel Usedom

16

Blick zum Streckelsberg

An der geglätteten Außenküste Usedoms ist der Wechsel zwischen den hohen Moränenkliffen der Inselkerne (eiszeitliche Ablagerungen) und den flachen Strandwall-Arealen der Nehrungen (Ablagerungen des Meeres) besonders gut erkennbar.

17

Usedoms Binnenküste

Das zwischen den Halbinseln Gnitz und Lieper Winkel (oben) noch verhältnismäßig schmale Achterwasser weitet sich nach Osten hin. Der Balmer See im Vordergrund mit seinen Inselchen Böhmke und Werder ist dessen Nebenarm. An den flachen Ufern der stillen Gewässer wächst fast überall ein dichter Schilfgürtel.

Insel Usedom

17

Außenküste zwischen Bansin und Koserow

Die fast geradlinig verlaufende Ausgleichsküste wird überall von Sandstränden gesäumt. Der hier angehäufte Strandsand stammt aus den größtenteils sandigen Steilufern der Inselkerne.

Krumminer Wiek

Diese tiefe Bucht des Peenestroms hat – wie auch das Achterwasser – große Ähnlichkeit mit den Bodden. Schließlich sind beide auch einstige Meeresbuchten, die durch Nehrungen von der Ostsee abgeriegelt wurden.

Von Wollin aus erstreckt sich in sanften Schwüngen eine über 250 Kilometer lange Ausgleichsküste mit weitgehend geglätteten Ufern nach Nordosten – ohne vorgelagerte Inseln, ohne Buchten oder Halbinseln. Damit steht diese Ausgleichsküste in auffallendem Kontrast zu der westlich von ihr gelegenen, reich gegliederten vorpommerschen Küstenlandschaft. Endlose Sandstrände bestimmen das Bild; Nehrungen mit Dünenwäldern, dahinter Strandseen – eine Haff-Nehrungs-Dünenwallküste.

1

Hinterpommersche Küste

An der Mündung der Rega westlich von Kolberg (Kołobrzeg) – Ein natürlich entstandener hoher Dünenwall säumt diese Ausgleichsküste über weite Strecken. Dahinter liegen vielfach verlandete Strandseen.

Ausgleichsküste in Polen

ZWISCHEN WOLLIN UND DANZIGER BUCHT

Swine-Niederung

2

Swine-Niederung

Zwischen den Inseln Usedom und Wollin hat die Ostsee in den vergangenen 5.000 Jahren diese riesige, flache Nehrung aufgeschüttet und damit das Stettiner Haff von der Pommerschen Bucht getrennt. Sie wird von der kanalisierten Mündung der Swine durchschnitten.

Rückstromdelta der Swine

Im Haff hinter der Swine-niederung liegen ausgedehnte Schilfbestände. Sie wachsen auf den Sandbänken eines viele Quadratkilometer großen Rückstromdeltas. Es entstand aus dem feinen Sand, der früher bei Sturmflut immer wieder durch die Swine-Pforte in das Haff hineingespült wurde.

Insel Wollin

3

3

Swinhöft auf Wollin

Das 63 Meter hohe Steilufer am Swinhöft (Święta Kępa) an der Außenküste östlich von Misdroy auf Wollin gilt als höchstes aus eiszeitlichen Ablagerungen gebildete Kliff an der gesamten Ostsee. Der Küstenbereich der Insel Wollin ist ein waldbedecktes Endmoränengebiet. Große Teile davon stehen als Nationalpark Wollin unter Schutz.

Camminer Bodden

Diese durch eine Nehrung von der Ostsee abgeschnittene Bucht ist das östlichste aller als „Bodden" bezeichneten Küstengewässer. An ihm liegt die alte Hansestadt Cammin.

Der Große Stein (Stein = slaw. Kamien) im Camminer Bodden, ein etwa 100 Tonnen schwerer Findling, gilt als namensgebend für die Stadt Cammin (Kamień Pomorski). >

Strand östlich Hoff

4

Strand östlich Hoff (Trzęsacz)

Ähnlich wie auf Usedom gibt es an der hinterpommerschen Ausgleichsküste bewaldete und nicht bewachsene Steilufer. Von letzteren trägt das Meer jenen Sand ab, der die breiten Strände dieses Küstenabschnittes immer wieder neu „ernährt".

Die Kirchenruine von Hoff

Von der um das Jahr 1250 weit von der damaligen Küstenlinie entfernt erbauten Kirche stürzte 1901 die nördliche Seitenwand und 1903 der Westgiebel auf den Strand. 1988 war die Südmauer noch fast komplett. Heute steht von ihr nur noch dieser kleiner Rest an der Kante des Geschiebelehm-Steilufers – ein Monument für das unaufhaltsame Zurückweichen der Küste.

Blick vom Leuchtturm Horst

5

Blick vom Leuchtturm Horst (Niechorze)

An diesen polnischen Ostseeufern ist der Küstenausgleich bereits weit fortgeschritten. Daher gibt es weder Bucht noch Halbinsel. Längst sind die Landvorsprünge abgetragen, die Buchten durch Nehrungen abgeschnürt. Dabei entstand auch eine Kette von Strandseen.

Ufer vor Horst

Obwohl bereits ausgeglichen, weicht die Küste immer weiter zurück. So musste man dieses bewaldete Kliff zum Schutze des Leuchtturms mit einer massiven Ufermauer stabilisieren.

Der 48 m hohe Leuchtturm Horst von 1866 stammt aus preußischer Zeit und gilt als Polens schönster Leuchtturmbau.

Wanderdünen von Leba

6

6

Wandernde Düne

Vom Kamm der mehr als 40 Meter hohen Lontzkedüne (Łącka Góra) im Slowinzen-Nationalpark (Słowiński Park Narodowy) reicht die Aussicht weit über die Ostsee, die Nehrung und den Leba-See (Jezioro Łebsko), der einst eine große Bucht der Ostsee war. Der Sturm treibt den Sand über die Dünenkämme. Man fühlt sich in die Wüste versetzt.

Lontzkedüne (Łącka Góra)

Ein beliebter Wanderweg durch den Slowinzen-Nationalpark führt direkt über die 40 Meter hohe Lontzkedüne (Gora Łacka) zum Außenstrand.

Wanderdünen von Leba

7

7

Dünenlandschaft im Nationalpark

Die weitläufigen Wanderdünen im Nationalpark zeigen an vielen Stellen die typischen aufgesetzten Kupsten – kleine, bewachsene Dünenhügel, die dem Wind durch ihren Bewuchs mehr Widerstand entgegen setzen.

Erlenwald am Lebasee

Der Wind treibt den Sand immer weiter in den Bruchwald am Ufer des Leba-Sees hinein und verschüttet die dadurch langsam absterbenden Erlen.

Rixhöft (Kap Rozewie)

8

Blick zum Rixhöft

Das wenige Kilometer von der Wurzel der Halbinsel Hela entfernt gelegene Kap bildet den nördlichsten Punkt der polnischen Küste. Sein über 60 m hoher Moränenrücken setzte der Abtragung durch das Meer größeren Widerstand entgegen.

Seebrücke in Zoppot (Sopot)

Der bedeutende Urlaubsort liegt am Westufer der Danziger Bucht, geschützt von einem landeinwärts gelegenen, schön bewaldeten Endmoränenrücken.

< Leuchtturm auf Rixhöft

Halbinsel Hela (Hel)

9

Halbinsel Hela

Die Ostsee transportierte gewaltige Sandmassen längs der polnischen Ausgleichsküste. Daraus baute sie diesen 34 km langen, keulenförmigen Sandhaken – den längsten an der gesamten Ostseeküste. Ein Teil der Putziger Wiek (Zatoka Pucka) wird von einer durchgehenden Sandbank (Reff) abgeteilt.
Quelle: Martin Hoffmann (CC-BY-SA 3.0)

Außenstrand auf Hela (Hel)

Kräftiger Westwind treibt den trockenen Sand längs des breiten Strandes. Damit trägt er bei zum ständigen Sandtransport in östlicher Richtung, durch den die Halbinsel fortwährend weiter wächst.

Die große Halbinsel Samland schiebt sich wie ein mächtiger Klotz weit in die Ostsee hinein. An ihr hängen zwei gewaltige Flügel: Frische Nehrung und Kurische Nehrung, die beiden längsten Bauwerke der Ostsee. Hinter ihnen liegen die größten der von ihr abgeschnürten Gewässer – das Frische Haff und das Kurische Haff. Diese Landschaft fasziniert vor allen Dingen durch die ungewöhnliche Weitspannigkeit der lang gestreckten, schmalen Nehrungen – etwas für die Ostseeküste ganz Besonderes. An manchen landfernen Aussichtspunkten hat man den Eindruck, als verliefen sie weit draußen im Meer – ohne Anfang, ohne Ende... Auch die dreifachen, stark differenzierten Uferzonen dieser Landschaft – die Außen- und Binnenküste der Nehrungen sowie die festländische Haffküste – sind bemerkenswert.

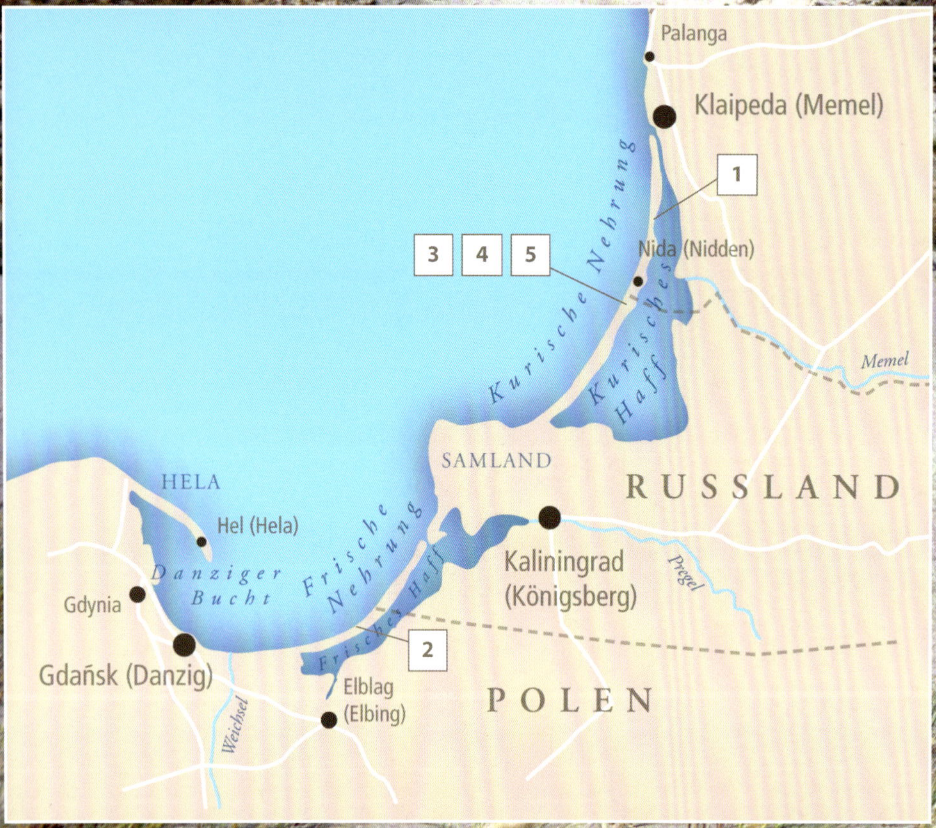

1

Wanderdünen auf der Kurischen Nehrung

Südlich von Schwarzort (Juodkrantė) – Blick über die Weiß- und Braundünen im Nationalpark, die Neegelsche Bucht und das Kurische Haff.

Die großen Nehrungen

POLEN – RUSSLAND – LITAUEN

Frische Nehrung

2

2

Bewaldete Dünen

Die hohen Küstendünen der Frischen Nehrung – hier bei Kahlberg (Krynica Morska) – sind bewaldet und säumen als Hügelketten das haffseitige Ufer. Da ihre natürliche Entwicklung wenig vom Menschen beeinflusst wurde, entstanden hier keine Wanderdünen wie auf der Kurischen Nehrung.

Haffküste

An einigen exponierten Stellen der Ufer des Frischen Haffs gibt es solche aktiven Steilufer. Die aus Dünensand bestehenden Kliffe unterliegen zeitweise einer erheblichen Abtragung.

Kurische Nehrung

3

3

Wandernde Dünen

Ein wüstenartiges Gebiet mit bis zu 60 Meter hohen Dünenrücken erstreckt sich hier unmittelbar südlich der russisch-litauischen Grenze. Sie teilt die 98 km lange Nehrung in zwei fast gleiche Teile. (Blickrichtung Nord)

Samlandküste bei Rauschen (Swetlogorsk)

Die aktiven Steilufer der „Bernsteinküste“ des Samlandes bestehen zum großen Teil aus Sanden des Tertiär – Meeresablagerungen, in denen bei Palmniken (Jantarny) auch Schichten der „Blauen Erde“ eingeschlossen sind. Sie bilden die größte Bernsteinlagerstätte der Erde.

Bernstein in der „Blauen Erde“, die auf dem Samland seit Jahrhunderten abgebaut wird. >

Kurische Nehrung

4

4

Wandernde Düne

Der Sand begann erst zu wandern, nachdem der Mensch die Wälder abgeholzt hatte. Weht der Wind aus westlicher Richtung, wird unablässig Sand über den mehr als 50 Meter hohen Dünenkamm geblasen. So wandert die Düne langsam weiter ins Haff hinein. Durch die gewaltige Auflast des Sandes wird der verschüttete plastische Haffmergel herausgequetscht. Dabei entstehen die auffallenden Uferwälle, die schnell bewachsen.

Graudünen bei Juodkrantė

Auch die Wanderdünen der Kurischen Nehrung, hier bei Schwarzort (Juodkrantė), „altern" auf natürliche Weise. Sie überziehen sich mit einer Pflanzendecke und werden zu Graudünen, auf denen sich langsam Bäume und Sträucher ansiedeln.

Kurische Nehrung

5

5

Dünenlandschaft im Nationalpark

Das Wanderdünengebiet im Zentrum der Kurischen Nehrung wird durch zwei aneinander grenzende Nationalparke geschützt – „Kuršių nerija“ auf der litauischen und „Kurschskaja kossa“ auf der russischen Seite.

Uferwald am Haff

Am Fuße der Graudünen wächst oft dichter Erlenwald und vermittelt somit das Uferbild eines Binnensees. Da das Haffwasser kaum Salz enthält, leben in ihm Süßwasserschnecken und -muscheln. Ihre Schalen findet man hier am Strand.

Angespül am Haffstrand >

Nördlich der Haff-Nehrungs-Küste verläuft das Ostseeufer wieder „einspurig" und ausgeglichen, behält aber ungefähr die Richtung bei. Erst am Kap Kolka, dem nördlichsten Punkt der lettischen Küste, biegt die Uferlinie scharf nach Südosten um. Hier öffnet sich das gewaltige Rund der Rigaer Bucht, in dem die gesamte Inselwelt der Beltsee Platz fände. Mit ihren steilen Moränenkliffen südlich Ventspils, den ausgedehnten Seesandebenen und kleinen Strandseen ist die lettische Küste abwechslungsreicher als sie beim ersten Blick auf die Karte erscheint.

1

Mündung der Irbe nordöstlich von Ventspils

Im Hebungsgebiet der Küste zwischen Ventspils und Kap Kolka dominiert der Sand, der in riesigen Mengen parallel zur Küste wandert. So haben es die kleinen Flüsse schwer, ihren Weg zum Meer zu finden: Immer wieder wird ihre Mündung verschüttet und sie müssen sich einen neuen Abfluss bahnen.

Ausgleichsküste in Lettland

KURLAND UND RIGAER BUCHT

Kurland

2

Lettlands höchstes Ufer

Die Steilküste bei Jūrkalne zwischen Liepaja und Ventspils ist die höchste Uferzone an der gesamten etwa 475 km langen Ostseeküste Lettlands – hier an der Mündung des Flüsschens Riva.

Steilküste bei Jūrkalne

Das höchste lettische Steilufer erinnert sehr an manche deutschen Küstenabschnitte. Das bis zu 20 m hohe Kliff unterliegt einer besonders intensiven Abtragung und wird in manchen Jahren um mehr als einen Meter zurückgeschnitten.

Kap Kolka

3

3

Kap Kolka

Nordöstlich von Ventspils erstreckt sich eine immer breiter werdende, durchgehend bewaldete Strandwall-Landschaft, die gehobene Küstenebene aus der Litorinazeit. Sie erstreckt sich über 60 km bis hierher zum Kap Kolka. Diese markante Landspitze, der nördlichste Punkt Lettlands, wich seit 1890 um mehr als 400 m zurück. Heute steht das riesige Strandwallsystem als Nationalpark Slītere unter Schutz.

Sikrags Strand

Das Meer transportierte gewaltige Sandmassen parallel zur längst ausgeglichenen Küste. Man hat errechnet, dass hier alljährlich bis zu eine Million Kubikmeter Sand längs der Küste wandern.

Rigaer Bucht

4

4

Die Mündung der Düna

Die Düna (Daugava), der größte Fluss Lettlands, bildet vor Riga ein ausgedehntes Mündungsdelta mit weiträumigen Feuchtgebieten. Die eigentliche Dünamündung wurde kanalisiert.

Strand bei Mērsrags

Am durchgehend sandigen Westufer der Rigaer Bucht reicht der Wald an vielen Stellen bis an den flachen Strand.

< Die Strandvanille ist eine schön blühende Orchidee, die in den Dünen der lettischen Küste wächst.

Livland

5

5

Sandsteinkliff bei Tuja

Die niedrigen Steilufer im Nordosten der Rigaer Bucht bestehen hier aus weichem, rötlichen oder hellgrauen Sandstein. Das rund 350 Millionen Jahre alte Sedimentgestein aus dem Devon gehört zum Schichtkomplex der Osteuropäischen Tafel und bildet nur an diesem kurzen Küstenabschnitt der Ostsee ein Kliff. Der intensiv rote Sandstein zeigt tiefe Brandungshöhlen, die bei schweren Winterstürmen entstanden.

Geschiebestrand bei Tuja

Auch hier sorgte Eisschub an einigen Strandabschnitten für die Konzentration von Geschieben, die überall vor der Küste verstreut im Flachwasser liegen.

Geologie des Ostseeraumes

Gesteine bestimmen das vielfältige Küstenbild

Der Charakter von Landschaften wird wesentlich geprägt von den Gesteinen, die ihren Untergrund bilden. Das gilt überall auf unserer Erde. So findet auch die bemerkenswerte landschaftliche Vielfalt der Ostseeküsten ihre Erklärung in den unterschiedlichen Gesteinsarten, die hier das Baumaterial bilden.

Die Ostsee liegt als flaches Meer direkt auf dem europäischen Kontinent – sie ist ein Epikontinentalmeer. Da sie somit keinen speziellen ozeanischen Meeresboden wie die Weltmeere besitzt, bestehen ihr Grund und ihre Ufer aus den gleichen Gesteinen.

Wer die Ostsee umrundet, wird erstaunt sein, an ihren Küsten immer wieder auf völlig andersartiges Gestein zu treffen. Im auffallenden Kontrast zu den besonders „weichen" Küstenabschnitten aus Sand, Lehm, Mergel oder Kreide im Süden stehen die extrem „harten" Ufer des Nordens mit ihren kristallinen Gesteinen. Dazwischen liegen Küstenabschnitte, die aus Kalkstein und Sandstein bestehen. Die meisten dieser Gesteine findet man, vom Eis dorthin geschoben, auch an den südlichen Küsten als Strandgeröll, als Geschiebe, wieder.

Die geologische Karte zeigt, stark vereinfacht, dass es im Ostseeraum drei große, ganz unterschiedlich alte geologische Komplexe mit völlig verschiedenartigen Gesteinen gibt: Im Süden die jungen Sedimentgesteine der mitteleuropäischen Senke (bedeckt von eiszeitlichen Ablagerungen), im Osten die alten Sedimentgesteine der Osteuropäischen Tafel, im Nordwesten und Norden die uralten kristallinen Gesteine des Baltischen Schildes. Diese so verschiedenartigen Gesteine kommen nun an den Küsten zu Tage und bestimmen den Charakter der Landschaft.

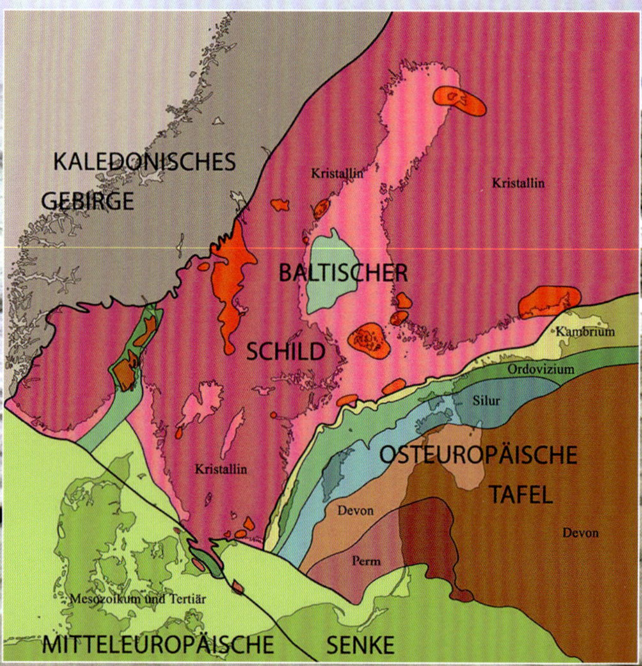

Baltischer Schild – der „harte Norden"

Wie ein gigantischer flacher, schildförmiger Buckel liegt der Baltische Schild im Norden Europas – eine uralte Gesteinsmasse aus kristallinen Gesteinen. Es sind die bis auf ihre Wurzeln abgetragenen Reste uralter Gebirge. Sie entstanden vor ca. ein bis zwei Milliarden Jahren. Dieses Grundgebirge, die geologisch älteste Baueinheit Europas, bildet den felsigen Untergrund im größten Teil der schwedischen und überall an der finnischen Küste. Hier trifft man auf sehr harte Gesteine, hauptsächlich auf Gneis, ein Umwandlungsgestein, das bei Gebirgsbildungen unter extremen Druck und großer Hitze aus anderen Gesteinen entstand. Außerdem gibt es verschiedene magmatische Gesteine – Tiefengesteine wie Granit oder Ergussgesteine wie Porphyr und Diabas. Gesteine des Baltischen Schildes finden sich nach Süden hin bis zur Küste der Halbinsel Schonen und auf Bornholm.

Foto: Gneis des Baltischen Schildes an der Küste der Bottenwiek – Ufer am Bjuröklubb/Schweden

Osteuropäische Tafel – Uralte Meeresablagerungen

Ablagerungen flacher Meere, die einst – so wie heute die Ostsee – als Epikontinentalmeere den Norden Europas überfluteten, bedecken im zentralen und östlichen Teil der Ostsee das uralte kristalline Grundgebirge. Bei diesen etwa 380-500 Millionen Jahre alten Sedimentgesteinen aus Kambrium, Ordovizium, Silur und Devon handelt es sich hauptsächlich um verschiedene fossilreiche Kalksteine und um Sandsteine. Diese Gesteinsschichten lagern ungestört und fast horizontal, nur minimal nach Südosten geneigt. Daher bezeichnet man den gewaltigen Schichtkomplex als Osteuropäische Tafel. Deren Gesteine bilden das Baumaterial der großen Inseln in der zentralen Ostsee – Öland, Gotland, Saaremaa und Hiiumaa – und der gesamten estländischen Küste.

Foto: Kalkstein der Osteuropäischen Tafel – Kliff am Hallshuk im Norden von Gotland/Schweden

Vom Inlandeis geschliffener Diabas des Baltischen Schildes bildet im Naturreservat Rotsidan an der Hohen Küste im Norden des Bottenmeeres eine ungewöhnliche Küstenlandschaft.

Mitteleuropäische Senke – der „weiche Süden"

An der südlichen Ostseeküste trifft man an einigen Stellen auf die Gesteine der dritten großen geologischen Baueinheit – auf die der mitteleuropäischen Senke. Ein Tiefenbruch, der vom äußersten Norden Jütlands quer durch Schonen und Bornholm zur polnischen Küste verläuft, trennt sie vom Baltischen Schild und von der Osteuropäischen Tafel. Südlich dieser Bruchzone liegt ein gewaltiger Senkungsraum, dessen Basis steil nach Süden einfällt. Er ist im Wesentlichen ausgefüllt mit Sedimentgesteinen, die als gewaltiges Schichtpaket teilweise über 10.000 Meter mächtig sind. Zuoberst liegen junge, „weiche" Meeresablagerungen aus Kreide und Tertiär, die ein Alter zwischen 35 und 80 Millionen Jahren besitzen. Dafür charakteristisch sind Schreibkreide und Kreidekalk, die an einigen Kliffen auf Seeland, Møn und Rügen beeindruckende Aufschlüsse bilden – die höchsten Steilufer an der Ostsee.

Foto: Schreibkreide der Mitteleuropäischen Senke – Kreidekliff am Store Klint auf Møn/Dänemark

Eiszeitliche Ablagerungen – Glazialschuttküste

Dass die Gesteine der Mitteleuropäischen Senke nur an wenigen Stellen der Küste zu beobachten sind, liegt an der dünnen Schicht eiszeitlicher (glazialer) Ablagerungen, von denen sie fast lückenlos bedeckt sind. An der südlichen Ostseeküste überlagern Moränen und Schmelzwasserbildungen die älteren Ablagerungen. Sie bilden eine Glazialschuttküste, die hauptsächlich aus Geschiebemergel, Geschiebelehm und Sanden besteht. Darin eingelagert sind zahlreiche Geschiebe – vom Eis mitgebrachte Gesteinsbrocken unterschiedlichster Dimension. Die größten nennt man häufig Findlinge. Die Geschiebe bestimmen auch das Bild der Strände vor den Steilufern an den Südküsten der Ostsee. Hier findet man eine solche Vielfalt von Gesteinsarten wie wohl nur an wenigen Küsten unserer Erde.

Foto: Geschiebelehm der Glazialschuttküste – Kliff am Reddevitzer Höft auf Rügen/Deutschland

Kalkstein bestimmt das Bild der „harten" Küste Estlands. Ähnlich wie auf Öland und Gotland zeichnen die heutigen Uferlinien vielerorts das Relief der alten Kalkstein-Oberfläche nach. Bei der langsamen Landhebung lief in den vergangenen Jahrtausenden der einst meerbedeckte Küstensaum trocken und gab interessante Geländeformen frei – besonders die markante Steilstufe des Baltischen Glints, den man an der gesamten Nordküste Estlands beobachten kann und der heute streckenweise auch das Kliff bildet.

1

Die Steilküste von Ontika westlich von Narva

Dieses mit 54 m höchste Kliff Estlands bildet auch den höchsten Teil des berühmten, über 1.100 km langen Baltischen Glints, der in Schweden auf der Insel Öland beginnt und in Russland, in der Nähe des Ladogasees, endet.

Glintküste in Estland

KALKSTEINKÜSTE UND -INSELN

Insel Saaremaa

2

2

Das Panga-Kliff

Bankige Kalksteine aus dem Silur bilden hier, an der Nordwestküste Saaremaas, ein gewaltiges Kliff, das den Baltischen Glint nachzeichnet. Trotz der erheblichen Festigkeit des Kalksteins kommt es nach dem winterlichen Frost immer wieder zu umfangreichen Abbrüchen.

Markante Schichtstufen

Der Baltische Glint entstand in einer langen Festlandsphase vor der Eiszeit. Geformt wurde er vom „Baltischen Strom", der damals das heutige Ostseebecken durchfloss. Er schnitt sich in die Ablagerungsgesteine ein und formte an den harten Kalksteinen markante Schichtstufen. Obwohl sich das Inlandeis lange Zeit schleifend und schürfend darüber hinweg schob, konnte es sie nicht auslöschen. Dort, wo heute der Glint die Küstenlinie bildet, gibt es beeindruckende Steilufer (s. a. Seite 142).

Der Baltische Glint

Zwei auffallende Geländestufen durchziehen den mittleren und östlichen Ostseeraum – der Baltische Glint. Die längere Steilstufe, der **Ordovizische Glint**, verläuft von der Westküste Ölands zur Nordküste Estlands und bis zum Ladogasee. Ihr Verlauf lässt sich auch unter dem Meeresspiegel verfolgen.

Der **Silurische Glint** bildet die Steilufer an der Westküste Gotlands und taucht auf Saaremaa wieder auf.

Insel Hiiumaa

3

3

Südküste an den Holmen

Kalkstein bildet auch das Fundament der flachen Waldinsel Hiiumaa. Hier gibt es zwar keine Steilufer, dafür aber ausgedehnte Strandwälle aus Kalksteingeröll – so wie hier auf den kleinen Halbinseln und Inselchen der Holme.

Kap Tahkuna

Der markante Leuchtturm markiert die Nordspitze von Hiiumaa. So wie vielerorts an der Nordküste der Insel säumen auch hier Geschiebeblockfelder das sandige Ufer. Am Leuchtturm steht das Denkmal für das unweit davon 1994 gesunkene Fährschiff „Estonia" – mit 852 Opfern das schwerste Schiffsunglück in der europäischen Nachkriegsgeschichte.

Halbinsel Paldiski

4

4

Winterliches Paldiski-Kliff

Die charakteristischen plattigen Kalksteine aus dem Ordovizium bilden auch hier, etwa 40 Kilometer westlich von Tallinn, das Steilufer. Dieses Kliff zeichnet den Baltischen Glint nach, eine uralte Landstufe. Eiszapfen signalisieren die Grundwasseraustritte auf den Schichtflächen.

Sommerliches Paldiski-Kliff

Dieses Kliff besteht aus einer rund 480-520 Millionen Jahre alten Schichtenfolge aus relativ weichem Sandstein und Schiefer im unteren Teil und hartem Kalkstein darüber. Weil die unteren Partien des Steilufers leichter vom Meer abgetragen werden, bilden die Kalksteinbänke oft gewaltige Überhänge, die vom winterlichen Frost gesprengt werden und dann ins Meer stürzen.

Halbinsel Kakumäe

5

5

Kakumäe-Bucht

Heller Sandstein aus dem Kambrium bildet an dieser gerade vereisten Bucht westlich Tallinn das Kliff. Die Steilstufe des Glint verläuft hier etwas landeinwärts.

Glint in Tallinn

Der Domberg, die markante Erhebung inmitten der estnischen Hauptstadt, besteht aus hartem Kalkstein. Dessen Schichten ragen aus dem Mauerfundament heraus. Schon in der voreiszeitlichen Landschaft bildete der Domberg einen isolierten Inselberg. Nach der Eiszeit war er tatsächlich einige Zeit lang eine Insel im Meer – bevor die Landhebung seine Umgebung wieder trockenlegte.

Tolsburg (Toolse)

6

6

Ruine der Tolsburg

Die Tolsburg war die nördlichste und jüngste Burg des Deutschen Ordens im heutigen Estland. Sie liegt ungewöhnlich dicht am Ufer auf einer Küstenebene vor dem weiter landeinwärts verlaufenden Baltischen Glint.

Geschiebefelder bei Altja

Die Küstenebene vor dem Baltischen Glint im Lahemaa-Nationalpark gilt als eine der „steinreichsten" aller Ostseeufer. Neben Tausenden von tonnenschweren Brocken liegen hier an der Nordküste Estlands auch einige Geschiebe von Einfamilienhausgröße.

Wasserfälle am Glint

7

7

Wasserfall der Keila

An der Glintküste Estlands liegen die meisten Wasserfälle des Ostseeraumes – direkt am Steilufer oder nur wenig landeinwärts. Sie alle stürzen (wie hier die Keila bei Keila-Joa westlich Tallinn) über die markante Steilstufe aus ordovizischen Kalkstein.

Wasserfall bei Ontika

Das ist der höchste Wasserfall rings um die Ostsee. Das Kliff lässt unter dem Kalkstein den weithin bekannten Blauen Ton erkennen. Diese über 500 Millionen Jahre alte Meeresablagerung ist heute noch ebenso plastisch wie zur Zeit ihrer Entstehung – ein Lehrbuchexempel für die Unabhängigkeit der Härte eines Sedimentgesteins von seinem Alter.

Die Uferregion des inneren Finnischen Meerbusens ist Flachküste. Auf weiter Strecke bilden hier 500 bis 600 Millionen Jahre alte Sandsteine die vom Inlandeis geformte Basis der Landschaft. Davon tritt aber kaum etwas zu Tage, denn Lockermassen – Sand, Kies, Geröll und Geschiebefelder bedecken das sich langsam immer weiter hebende Fundament. Am westlichen Nordufer des Finnischen Meerbusens tauchen unter den sandigen Sedimentgesteinen der Osteuropäischen Tafel die harten kristallinen Gesteine des Baltischen Schildes auf und führen dort zu einem anderen Landschaftsbild. Westlich Wyborg (Vyborg) ist das Ufer durch Inseln, Halbinseln und Fjorde reich gegliedert.

1

Am Finnischen Meerbusen östlich von Kotka

An den überall bewaldeten Ufern wechseln Klippen aus kristallinem Gestein mit Geschiebeblockfeldern, schmalen Sandstränden und Schilfbeständen – ein typisches Bild für den finnischen Abschnitt dieser Küste.

Innerer Finnischer Meerbusen

ESTLAND – RUSSLAND – FINNLAND

Südküste

2

2

Strand bei Sosnovyj Bor

Rote Sandstrände sind die charakteristischen Küstenbilder an der Südküste des Finnischen Meerbusens zwischen Narwa und St. Petersburg.

Treibeis auf der Newa in St. Petersburg

Der wasserreichste Strom, welcher in die Ostsee fließt – hier kurz vor seiner Mündung in den Finnischen Meerbusen – strebt im Frühling mit besonders großer Kraft dem Meer zu. Die Newa kommt aus dem Ladogasee und ist nur 74 km lang.

Nordküste

3

3

Fjordufer östlich von Kotka

Ausgedehnte Röhrichtzonen und blumenreiche Uferwiesen finden sich besonders an den Fjorden zwischen Kotka und Wyborg.

Außenküste bei Primorsk

Neben weiten rötlichen Sandstränden findet man in diesem beliebten Naherholungsgebiet der Petersburger auch solche unberührt erscheinenden Ufer mit zahlreichen großen Geschieben – hier an der Manola-Finnki-Bucht.

Die Blütenkerzen des Blutweiderich sind eine > sommerliche Zierde der Ufer verlandender Fjorde.

Außenküste im Winter

4

4

Küste im Eis

Länger als ein halbes Jahr, oft bis in den Mai hinein, tragen die ufernahen Bereiche des Finnischen Meerbusens eine geschlossene Eisdecke. Der Frühling kommt hier sehr spät, dann aber fast über Nacht.

5

Geschiebeblockstrand

An manchen Stellen der Nordküste sind Geschiebe derart stark konzentriert, wie hier unweit von Kotka. Ihre rostige Farbe erhielten sie, als sie noch beständig von Wasser bedeckt waren. Die Birken am Waldrand im Hintergrund zeigen die Schleifspuren der gegen das Ufer geschobenen Eisschollen.

Erdbeerfeld auf Ostseeboden

Durch die Landhebung liefen hier zwischen den Schären weite Flächen mit hellem, kalkreichem Ostseeschlamm trocken, der dem Klei des Marschlandes an der Nordsee sehr ähnelt. Er besitzt auch ähnliche gute Fruchtbarkeit.

Außenküste im Sommer

5

Verlandeter Meeresarm

Diese weite Wiesenfläche war noch vor 500 Jahren ein Meeresarm. Die Gebäude liegen stets auf Schären. Der fruchtbare Boden ist zu wertvoll für eine Bebauung.

Ufervegetation

Schilf, Baldrian, Mädesüß und Zottelwicke bilden die üppige Ufervegetation an diesem verlandenden Fjord nahe der finnisch-russischen Grenze.

Land und Meer greifen an diesen Ufern besonders innig ineinander – so wie an keiner anderen Stelle der Ostsee. Der Küstenstreifen besitzt hier stellenweise eine Breite von mehr als 100 Kilometern. Zu den unzähligen Schären und den vielen Inseln tritt eine beachtliche Zahl tief ins Land eingreifender Fjorde (oder Fjärde). Die Ufer dieser Fjordschären-Küste sind flach-hügelig. Zahlreiche niedrige, fast immer bewaldete Felskuppen überragen den Meeresspiegel oft um 20 Meter, aber nur selten um mehr als 40 Meter. Liefe diese Küstenlandschaft trocken und wäre sie unbewaldet, so läge hier ein ausgedehntes Gebiet rundlicher Felshügel recht gleichmäßiger Höhe auf einer leicht gewellten, mit Ostseeschlamm bedeckten Fläche, durchzogen von langgestreckten, sanften Tälern.

1

Hafen und Schärengebiet von Hanko

Der aufstrebende Hafen von Hanko liegt in einer für

Finnisches Schärenmeer

UND ÅLANDINSELN

Helsinki

2

Hauptstadt auf Schären

Helsinki liegt im Schärengürtel der Nordküste des Finnischen Meerbusens. Die großen Fähren und Kreuzfahrtschiffe müssen, bevor sie im Stadthafen anlegen, stellenweise „hautnah" an zahlreichen Schären vorbei.

Winter vor Helsinki

In dieser Zeit können sich nur große Schiffe mit Eisklasse (und auch diese oft nur mit Unterstützung von Eisbrechern) den Weg durch das Eis vor der finnischen Küste bahnen, um den Hafen von Helsinki zu erreichen – manchmal vier, fünf Monate lang.

Nationalpark Schärenmeer

3

Schären westlich Hanko

Das Schärenmeer westlich von Hanko – hier im Nationalpark Schärenmeer – vermittelt das Bild einer besonders feingliedrigen Küstenlandschaft. Durch andauernde Landhebung verändern sich ihre Konturen beständig.

Hohe Schäre

Dieser Blick auf die Schärenlandschaft an der Westküste der Insel Kimito, am Gullkrona Fjärd, ist ungewöhnlich. Nur an sehr wenigen Stellen des Schärenmeeres hat man eine so weite Aussicht wie von diesem schwer zugänglichen, hohen Felsrücken am Ostrand des ausgedehnten Schärenmeer-Nationalparks.

Ålandinseln

4

4

Blick vom Ordals-Klint

Von der höchsten Erhebung der Ålandinseln, dem 129 Meter hohen Ordals-Klint, überschaut man den inneren, bewaldeten und den weit draußen liegenden, kahlen äußeren Schärengürtel. Die Inselgruppe, deren höchste Erhebungen vor ca. 9.000 Jahren aus dem Meer auftauchten, wächst durch beständige Landhebung langsam weiter.

Rapakivi-Klippen

Der intensiv rot gefärbte Rapakivi ist eine Abart des Granits. Seine Färbung bestimmt das Bild der Ufersäume der Ålandinseln. Dieses auffallende Gestein wurde von hier mit dem Inlandeis über den gesamten südlichen Ostseeraum verstreut und ist daher heute auch an den Geschiebestränden der deutschen Ostseeküste zu finden.

Ålandinseln

5

5

Aussicht von Gamlan

Dieser Blick ist sehr ähnlich dem vom Ordals-Klint. Die reich gegliederte Schärenlandschaft der Ålandinseln wird gern als „ein Thema mit unzähligen Variationen" bezeichnet. Für Außenstehende ist die Orientierung in diesem Archipel schwierig; ein Blick gleicht dem anderen. Die Unterschiede liegen in den Details – so wie hier vor der Halbinsel Gamlan im äußersten Nordwesten.

Historisches Lotsenhaus

Um das schärenreiche Meer des Åland-Archipels gefahrlos zu befahren, bedarf es bester Ortskenntnisse. Daher waren und sind Lotsen für alle größeren fremden Schiffe unabdingbar. Früher gab es an besonders gefährlichen Stellen überall solche Lotsenstationen. Diese blieb als Denkmal erhalten. Heute ist der Lotsendienst anders organisiert.

Südlich von Turku

6

6

Inselwelt südlich Turku

Die hohen Inseln in diesem Küstengebiet tauchten bereits vor einigen Jahrtausenden als Schären aus dem Meer auf. Heute sind es höhere Inseln und fast überall mit Wald bedeckt. Viele haben steile Felsufer, die oberhalb der Wasserlinie vom winterlichen Eis blankgescheuert sind.

Geo-Lehrpfad bei Kasnäs

Über die Uferklippen am Nationalpark-Besucherzentrum Blåmusslan (Miesmuschel) auf Kimito führt ein Naturlehrpfad. Die vom Eis geschliffen Flächen zeigen – wie in einem Lehrbuch – eine besondere Vielfalt uralter kristalliner Gesteine des Baltischen Schildes.

Schärengarten

7

7

Schiffsweg durch die Schären

Viele der großen Fähren, die Schweden mit Finnland verbinden, nutzen den Schiffsweg durch das ausgedehnte Schärenmeer, vorbei an den Ålandinseln. Vom Oberdeck einer solchen Fähre erhält man einen bleibenden Eindruck dieser besonderen Küstenlandschaft.

Abenteuerliche Route

Die kleineren Fähren, welche die bewohnten Inseln des Archipels miteinander verbinden, fahren an vielen Stellen extrem dicht an den Schären vorbei.

Kopflauch und Mauerpfeffer auf einer Schäre aus Rapakivi >

Nördlich des Schärenmeeres wird der Küstensaum wieder überschaubar. Je weiter man an der finnischen Bottenmeerküste nach Norden kommt, desto mehr schrumpft der Schärengürtel. Landschaftliche Höhepunkte gibt es hier kaum. Die Küstenstraße führt streckenweise über Moränenrücken, die dicht mit Findlingen bestreut sind und auf denen nordische Kiefern- und Fichtenwälder wachsen. Dann aber verläuft sie wieder schnurgerade durch flaches Land mit fruchtbaren Feldern. Immer stärker wird der Eindruck des Reisenden, sich auf gehobenem Ostseeboden zu bewegen.

1

Außenküste von Björkö

Blick über die langsam aus dem Meer aufsteigenden und verlandenden Areale im Welterbegebiet des Kvarken-Archipels: Diese typische Hebungs-Verlandungs-Flachküste zeigt an vielen Stellen langgestreckte, mit großen Blöcken bestreute Moränen.

Ostküste des Bottenmeeres

KÜSTE ZWISCHEN TURKU UND VAASA

Vor Uusikaupunki

2

Ferienhausgebiet

Am Ufer der bequem per Boot erreichbaren Inseln, am Fahrwasser nach Uusikaupunki, liegen zahlreiche Ferienhäuser. Dort leben die naturverbundenen Finnen oft den ganzen Sommer über. Sie fahren mit dem Boot zur Arbeit.

Verlandende Bucht

In abgelegenen, stillen Buchten dominieren Schilfgürtel. Überall reicht der Wald bis ans Ufer. Viele Stellen der finnischen Bottenmeerküste sind idyllisch, aber von Land aus kaum zugänglich – so wie hier etwas nördlich von Uusikaupunki.

Yyteri bei Pori

3

Der lange Strand von Yyteri

Bereits Anfang September erscheint dieser in ganz Finnland populäre Badestrand in der Nähe von Pori – der einzige größere an der Ostküste des Bottenmeeres – nahezu verwaist.

Sommer in Yyteri

Traditionsgemäß machen die Finnen – so wie die Schweden – von Mitte Juni bis Ende Juli ihren Sommerurlaub. Deshalb geht es in dieser Zeit an den wenigen großen Badestränden Finnlands manchmal sogar enger zu als an den beliebtesten deutschen Ostseestränden.
Quelle: Kallerna (CC-BY-SA 3.0)

Insel Björkö

4

4

De Ger-Moränen

Bei der Landhebung tauchen hier bei Svedjehamn – im Welterbegebiet des Kvarken-Archipels – charakteristische schmale, langgestreckte Endmoränen, bestreut mit großen Geschieben, aus dem Wasser auf. Die besondere Entstehung dieser nach einem schwedischen Geologen benannten Moränen ist auf der Grafik zu erkennen.

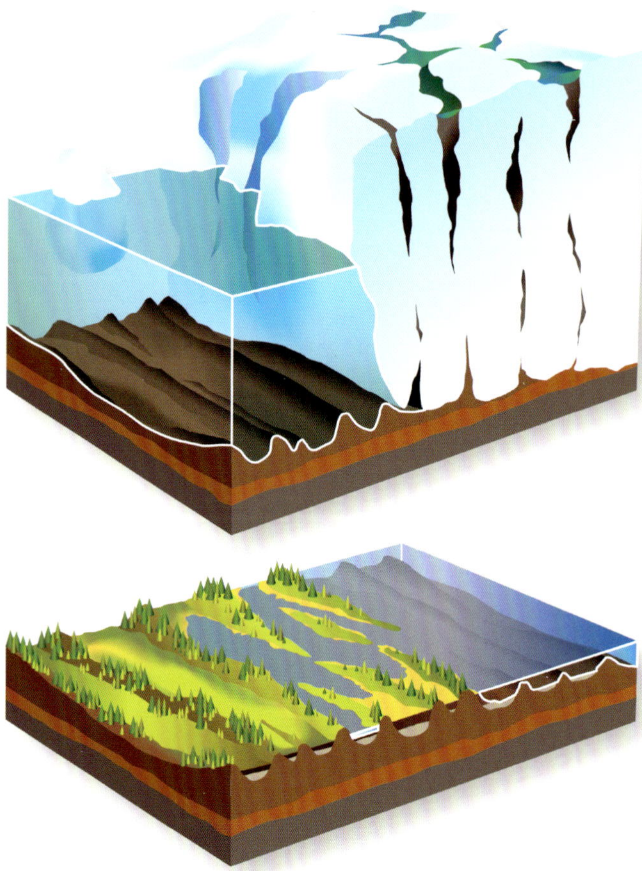

Bildung der streifenförmigen De Ger-Moränen beim Abschmelzen des Inlandeises

< Aussichtsturm Saltkaret bei Svedjehamn auf der Insel Björkö

Sieben-Brücken-Küste

5

5

Ufer an der Sieben-Brücken-Küste

Die Außenküste von Fäboda, etwas nördlich des Kvarken, südlich von Jakobsstad (Pietarsaari), zeigt ein für diesen Küstenabschnitt des Bottnischen Meerbusens typisches Bild: den häufigen Wechsel von Klippen und schmalen Sandstränden. Insgesamt gibt es an dieser Küste keine bemerkenswerte Erhebung.

Oravais Steinpark

Am naturschönen Oravaisfjärden nordöstlich von Vaasa gibt es – direkt an der Küstenstraße – eine Sehenswürdigkeit besonderer Art: Hier sind große Blöcke der wichtigsten Gesteine ganz Finnlands (über 100 verschiedene) aufgestellt und erläutert. In diesem geologischen Freilichtmuseum findet man auch die an der Küste anstehenden Gesteine.

Wer bei seiner sommerlichen Skandinavienreise die fast 300 Kilometer lange und durchschnittlich mehr als 100 Kilometer breite Bottenwiek umrundet, für den lohnt es sich, auf Entdeckungen zu gehen. Denn, oft nur wenige Kilometer von der längs der Küste verlaufenden Europastraße entfernt, liegen im finnischen Österbotten und im schwedischen Västerbotten eine ganze Reihe landschaftlicher Sehenswürdigkeiten, an denen man leicht vorbeifährt. Auch hier ist es nicht einfach, einen Überblick über die flache, bewaldete Küste zu erhalten, denn es gibt nur wenige Erhebungen. Die weit nördliche Lage des Gebietes erleichtert im Sommer eine Entdeckungsreise: im Juni und Juli ist es hier 24 Stunden am Tag hell.

1

Sommersturm bei Båtskärnäs an der Bottenwiek südöstlich Kalix

Vor Stürmen und Hochwasser braucht man sich an dieser Küste im Winterhalbjahr nicht zu fürchten – dann ist das Meer zu Eis erstarrt. Die seltenen Stürme des Sommers können zwar heftige Wellen schlagen und den Pegel durch Windstau ansteigen lassen, dramatisch wird es dadurch kaum. Gefahr für die Küste besteht nur dann, wenn im Frühling, nach dem Eisaufbruch, ein Sturm die Schollen mit großer Gewalt gegen die Küste presst.

Küste der Bottenwiek

DIE NÖRDLICHSTEN OSTSEEUFER

Insel Maakalla

2

2

Maakalla

Das winzige landferne Eiland vor Kalajoki war einst eine bedeutende Vitte. Heute sind Fischerkirche und Fischerhütten geschützt. Die Insel ist ein beliebtes Ausflugsziel.

Großgeschiebe

An manchen Stellen an der Ostküste der Bottenwiek trifft man überraschend auf einzelne riesige Findlinge.

< Die Fischerhütten auf Maakalla stammen aus der Zeit, in der die Strömlingsfischerei eine große Rolle spielte.

Kalajoki

3

Kalajoki

Die goldenen Sandstrände im Urlaubsgebiet der „Finnischen Riviera“, südlich der Mündung des Kalajoki, zählen zu den größten Finnlands.

Uferwiese nahe der Mündung des Kalajoki

Im verlandenden Flachwasser vor Düne und Strand wachsen Gräser, Binsen und Kräuter.

Die schönen Blüten der salzholden Strandplatterbse >
erfreuen auch an der Bottenwiek den Strandwanderer.
Sie blühen bis in den Herbst hinein.

Insel Hailuoto

4

4 Insel Hailuoto

Diese Insel wird von manchen Einheimischen schlicht als „Sandhaufen" bezeichnet. Tatsächlich besteht die heute rund 200 Quadratkilometer große Insel, die erst vor etwa 1.700 Jahren als kleine Sandbank aus der Bottenwiek auftauchte, fast ausschließlich aus Sand – Blick vom Leuchtturm Marjaniemi auf die Außenküste.

Leuchtturm Marjaniemi/Insel Hailuoto

Eine der beliebtesten Sehenswürdigkeiten von Hailuoto ist der historische, 1872 in Betrieb genommene Leuchtturm. Seit dem 18. Jahrhundert arbeitet in Marjaniemi auch ein Lotsendienst. In den historischen Räumen der Lotsenstation findet man heute ein originelles Naturzentrum mit Hotel.

< Silbermöwen am Strand von Hailuoto

Insel Seskarö

5

5

Gipfel der Seskarö

Im äußersten Norden der Ostsee liegen einige höhere bewaldete Inseln. Auf der höchsten Erhebung der nördlichsten bewohnten Insel im *mare balticum* liegen Geröllfelder mehr als 100 Meter über dem heutigen Meeresspiegel. Einst befanden sie sich in der Brandungszone der Bottenwiek.

Strand bei Båtskärnäs

Man mag es kaum glauben: Der Polarkreis liegt nur 80 Kilometer weiter nördlich dieses einladenden Badestrandes von Frevisören. Hier scheint die Sommersonne viel länger am Tag als an den südlichen Gestaden der Ostsee. Und manchmal erwärmt sich dadurch sogar das Wasser der Bucht, die oft sechs, sieben Monate im Jahr zugefroren ist, auf akzeptable Badetemperaturen.

Südlich Skellefteå

6

Felsflachlandküste

Ein charakteristisches Bild für die Westküste der Bottenwiek: Geschiebeblöcke, grobes Geröll und niedrige Klippen säumen das flache Ufer, das unmittelbar in den Wald übergeht.

Burehällorna

In diesem Naturreservat südlich von Skellefteå (am Horizont) zeigen die vom Eis geschliffenen Schären aus Bändergneis eine wunderschöne Maserung.

< Bjurö fyr – Durch die Wetterstation am niedrigen Leuchtturm ist Bjuröklubb allen Schweden bekannt – aus den täglichen Wettermeldungen.

Bjuröklubb

7

Bjuröklubb

Der fast 50 m hohe Felshügel, die weitaus höchste Erhebung am Westufer der Bottenwiek, überragt mit seinem bekannten Leuchtturm die umgebende Felsflachlandküste. Auf den geologisch vielfältigen Gesteinsflächen trocknete man im Mittelalter Fische. So jedenfalls ist es auf der großen *carta marina* von OLAUS MAGNUS von1539 dargestellt.

Auf Bjuröklubb

Der schwer zugängliche Gipfel des Felsrückens ist durch Plankenwege für Touristen gut erschlossen und bietet eine beeindruckende Aussicht.

Das steinerne Gesicht – Klubbsnyten – > ist heute noch erkennbar.

Auch südlich des Kvarken, der engsten Stelle des Bottnischen Meerbusens, bleiben die schwedischen Ostseeufer steinig. Sie werden aber allmählich höher und erscheinen an der Hohen Küste (Höga Kusten) sogar bergig. Dieser fast 100 Kilometer lange Küstenabschnitt zwischen Örnsköldsvik und Härnösand trägt seinen Namen völlig zu Recht. Hier liegen sowohl die höchsten Erhebungen an der Ostsee, als auch ihre höchste Insel. Landschaftlich zählt die Hohe Küste ohne Zweifel zu den schönsten aller Ostseeufer – als bemerkenswerte Kulturlandschaft sogar offiziell zum Welterbe der UNESCO. Natur und Kultur verschmelzen hier zu einem ungewöhnlich harmonischen Ganzen.

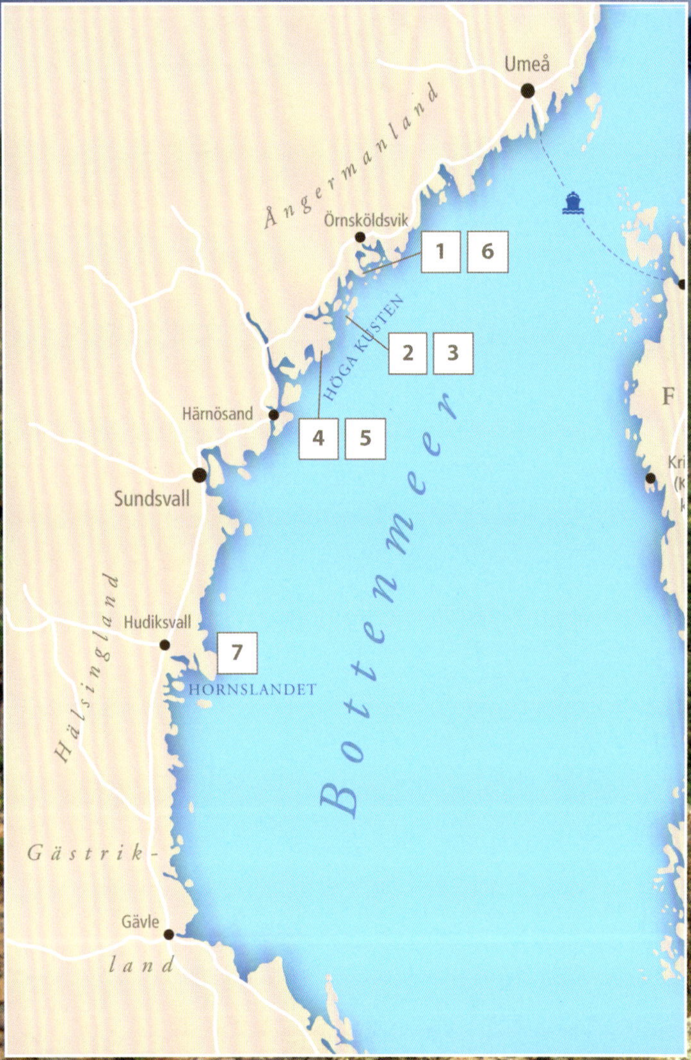

1

Blick von Mjältö

Mit 236 Meter Höhe ist Mjältön die höchste aller Ostseeinseln. Sie bietet eine überwältigende Aussicht über die Landschaft der Inseln und Halbinseln an der Hohen Küste.

Westküste des Bottenmeeres

DIE HÖCHSTEN UFER DER OSTSEE

Hohe Küste (Höga Kusten)

2

Insel Högbonden

Das markante kleine Eiland mit seinem Leuchtturm steht wie ein Vorposten vor der Hohen Küste.

Blick nach Högbonden

Die Hohe Küste bietet für Ostseeufer ungewohnt weite Ausblicke – Högbonden rechts oben.

< Auf Södra Ulvö hat ein Fischer die Pegelstände der Ostsee von 1600, 1700, 1800 und 1900 auf einer Schäre markiert.

Hohe Küste (Höga Kusten)

3

Högklinten

Strandwälle – 9.000 Jahre alt, 220 m über NN. Sie kamen durch andauernde Landhebung in diese extreme Position. So stark hat sich nach der Eiszeit nirgendwo auf der Erde die Landschaft gehoben – wichtigster Grund, Höga Kusten zum Weltnaturerbe zu erklären.

Klappersteinfelder

Diese Strandwälle aus grobem Geröll („Klappersteinfelder") entstanden im Laufe der vergangenen 300 Jahre. Ihren Namen erhielten sie vom klappernden Geräusch, das entsteht, wenn man solche Geröllflächen zu Fuß überquert.

Strandwälle entstehen, wenn Eisschollen vom Sturm mit großer Gewalt gegen die Küste geschoben werden. >

Hohe Küste (Höga Kusten)

4

Rapakivi

Das intensiv rote, granitähnliche Tiefengestein verleiht auch den Ufersäumen der Hohen Küste ihren besonderen Charakter. Der Blick von der Halbinsel Norrfällsviken zeigt auch Mjältö, die höchste aller Ostseeinseln.

Diabas und Rapakivi

Am Außenstrand der Insel Ulvö, sorgen große Blöcke der beiden hier anstehenden Gesteinsarten, dunkler Diabas und roter Rapakivi, für ungewöhnliche Farbkontraste.

Hohe Küste (Höga Kusten)

5

Diabas

Das dunkle Gestein im Naturreservat Rotsidan entstand vor rund 1.250 Millionen Jahren am Meeresboden. Die damals eingedrungene Basaltschmelze bildet heute an diesem Ufer weite, vom Inlandeis geglättete Flächen.

Sandstein

Auf Storön, einer unbewohnten Insel vor der Hohen Küste, liegen dicke Bänke von im Meer entstandenen Sandstein – das älteste Sedimentgestein Skandinaviens – unter Diabas.

Typische Gesteine der Hohen Küste als Strandgerölle von Trysunda >

Halbinsel Hornslandet

6

Kuggören

Das unter Denkmalschutz stehende idyllische Fischerdorf auf einer kleinen Insel vor der Außenküste von Hornslandet liegt im Schutze einer stillen Bucht und ist heute ein beliebtes Ausflugsziel. Von hier aus gehen noch einige Fischer auf Strömlings- und Maränenfang.

< Die über 200 Jahre alte Fischerkapelle von Kuggören wurde auf Strandwällen errichtet. Davor setzt einer der letzten Fischer sein Stellnetz instand.

See oder Meer?

Die Arnövik auf Hornslandet, an deren südlichsten Zipfel hier ein rasch fließender Bach mündet, wirkt wie ein stiller Waldsee. Der am Grunde wachsende Blasentang zeigt aber an, dass es sich hier nicht um ein Binnengewässer handelt.

Halbinsel Hornslandet

7

7

Hudiksvallfjord

Während an der etwa 150 Kilometer nördlich gelegenen Höga Kusten die Berge bis an die Küste reichen, sind sie hier nur in der Ferne zu erkennen. In diesem Gebiet bestimmt wieder die in Schweden weit verbreitete bewaldete Felsflachlandküste das Bild der Ufer am Bottenmeer. Nur an wenigen Stellen ist ein Fernblick möglich – hier von der Halbinsel Hornslandet über den Hudiksvallfjord zum Festland.

Verlandende Bucht

Langsame Landhebung führt in stillen Buchten und Flussmündungen zu ausgedehnten Verlandungen. Diese naturbelassenen, amphibischen Areale sind bevorzugte Brutgebiete zahlreicher Wasservögel.

Ostseeboden in Bewegung

Landhebung – ein Phänomen mit weitreichenden Folgen

Gewaltige Eismassen belasteten viele Zehntausend Jahre lang den skandinavischen Raum. Durch die gigantische Last des teilweise zwei bis drei Kilometer dicken Eispanzers wurde die starre, feste Erdkruste in den plastisch reagierenden Oberen Erdmantel hinein gedrückt – ein sehr langsamer Vorgang.

Nach dem Abschmelzen des Eises setzte die ebenso langsame Ausgleichsbewegung ein, die noch bis heute anhält. Dabei wird die Erdkruste vom Oberen Erdmantel wieder in ihre ursprüngliche Lage gedrückt. Deshalb hebt sich das Land in großen Teilen der Ostsee-Region um einige Millimeter pro Jahr. Auf diese Weise wird die Ostsee Jahr für Jahr kleiner. Frühere Küstenlinien liegen heute stellenweise mehr als 150 Kilometer landeinwärts und mehr als 250 Meter über dem Meeresspiegel!

Auf das Phänomen der Landhebung stößt man an vielen Stellen der Ostseeküste. An der nördlichen Ostsee wird es besonders deutlich: Einst bedeutende Häfen sind hier im Laufe einiger Jahrhunderte völlig verlandet, neue Inseln aus dem Meer aufgestiegen. Aus dem kalkigen Schlamm des Meeresgrundes wurde vielerorts fruchtbares Ackerland. Am besten dokumentiert sind einstige Uferlinien in den ausgedehnten „Klappersteinfeldern", fossilen Strandwällen, die man hauptsächlich an der Küste und auf den Inseln des Bottnischen Meerbusens findet. Ihr Name leitet sich her vom Klappern der Steine, das beim Gehen über diese Geröllflächen entsteht.

Wie haben sich solche Klappersteinfelder gebildet? Im Bereich der nördlichen Ostsee ist der Meeresboden auf weiten Flächen mit eiszeitlichen Schuttmassen bedeckt. Durch die Hebung gelangen diese in die Brandungszone. Dabei werden die Gerölle (Geschiebe) ausgewaschen, vom Wasser weiter gerundet und sortiert. Feineres Material wird weggespült. Das Packeis, das sich nach dem Eisaufbruch im Frühjahr regelmäßig mit großer Kraft gegen die Küste schiebt, sorgt dann für die Anhäufung der Gerölle (S. 119). Meist erkennt man auf diesen Klappersteinfeldern flache, parallel zum früheren Ufer verlaufende Wälle – Strandwälle – die durch Eisschub angehäuft wurden.

Mit fortschreitender Hebung „wandern" die Geröllfelder langsam landeinwärts und höher. An der schwedischen Höga Kusten, dem höchsten aller Ostseeufer, sind die Klappersteinfelder besonders eindrucksvoll zu erleben. Sogar wenig unterhalb des Gipfels von Mjältön, der höchsten aller Ostseeinseln, liegen sie 230 Meter über dem heutigen Meeresspiegel. Manche der bereits Jahrtausende alten Steinwälle blieben bis heute völlig kahl. Nur verschiedene Flechten haben sich bisher auf den Geröllen angesiedelt.

Gegenwärtige Beträge der Landhebung bzw. -senkung

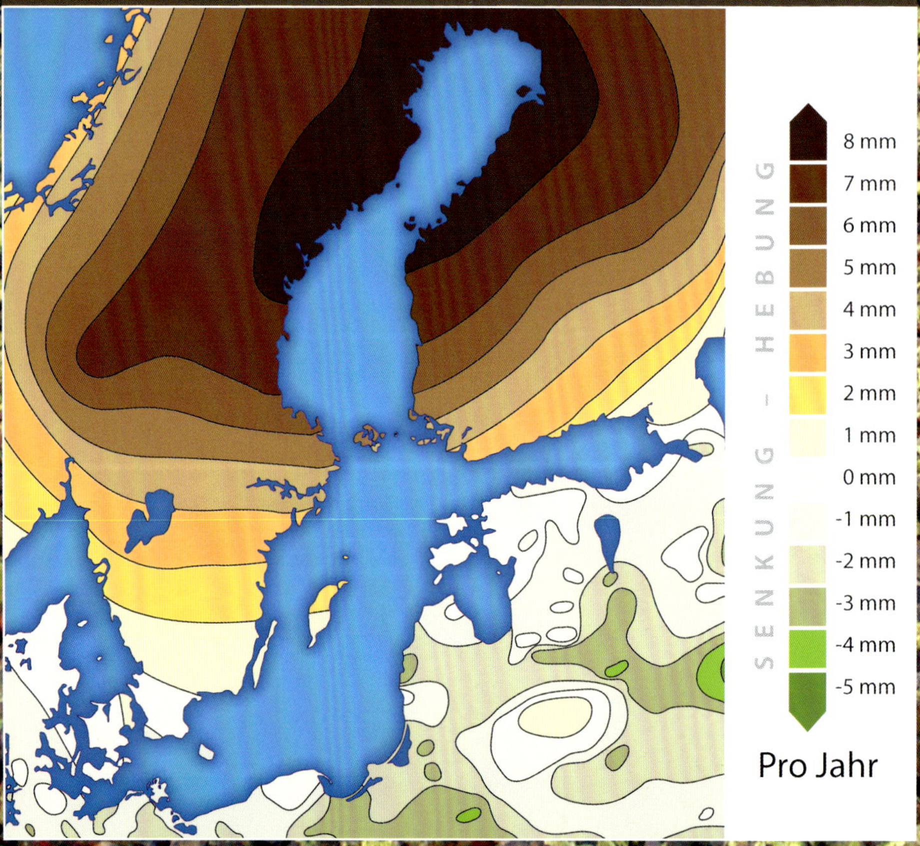

Grobes Geröll bildet die gehobenen Strandwälle („Klappersteinfelder") im Naturreservat Norrfällsviken an der schwedischen Hohen Küste im Zentrum der nacheiszeitlichen Landhebung.

Landsenkung und Landhebung in den vergangenen 100.000 Jahren an der nördlichen Ostseeküste

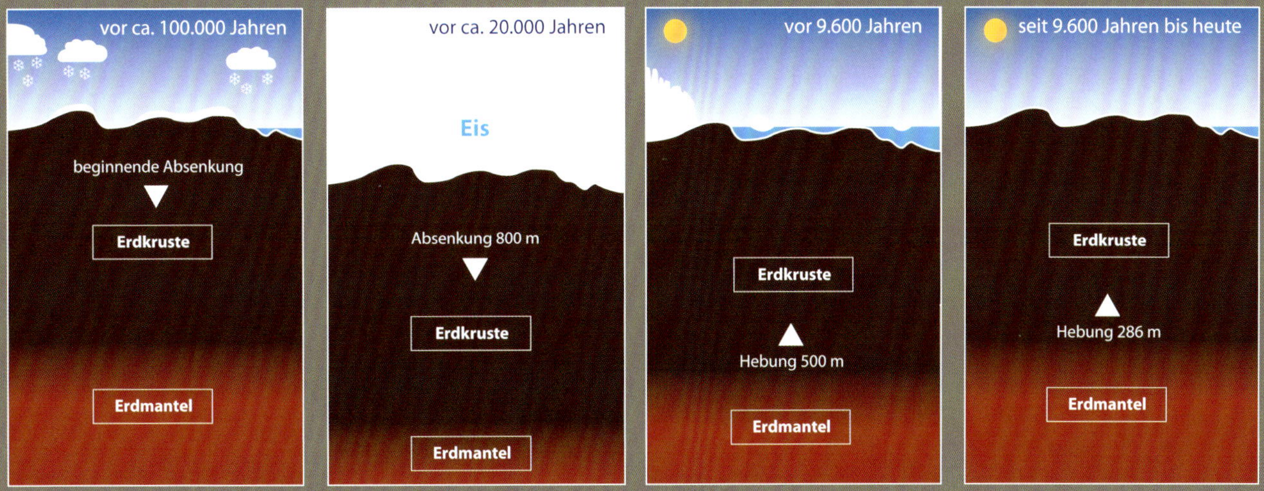

Am Beginn der Weichselvereisung hatte das Land die gleiche Position wie heute.

Zum Höhepunkt der Vereisung war das Land 800 m in den Erdmantel eingesunken.

Fast das gesamte Inlandeis war geschmolzen. Das Land hatte sich 500 m gehoben.

In den vergangenen 9.600 Jahren hat sich das Land um weitere 286 m gehoben.

Beispiele der Landhebung

Ackerland auf gehobenem Ostseeboden in Mittelschweden

Strandwälle („Klappersteinfeld") an der Hohen Küste bei 230 m über dem Meeresspiegel

Jüngere Strandwälle bedecken streifenförmig einen Uferhang an der Hohen Küste

Natürlich gibt es fast überall Schären vor den schwedischen Ostseeufern zwischen Haparanda im Norden und Karlshamn im Süden. Hier aber bilden sie einen besonders breiten Gürtel. Ein an der Außenküste lockeres, landeinwärts immer dichter werdendes Labyrinth unzähliger Schären und Inseln unterschiedlichster Form und Größe – so ist die Landschaft östlich von Stockholm am besten zu beschreiben. Die schwedische Schärenküste besitzt landschaftlich große Ähnlichkeit mit dem finnischen Schärenmeer und den Ålandinseln. Ein wesentlicher Unterschied: Die schwedische Schärenküste ist streckenweise „kleinteiliger" und in weiten Teilen wesentlich dichter besiedelt.

1

Schärengarten der Blå Kusten, südöstlich Norrköping

Schären entstehen, wenn die Klippen des eiszeitlich geformten Felsgrundes durch die Landhebung langsam aus dem Meer auftauchen. Hier an der „Blauen Küste" bilden sie ein ebenerdig völlig unüberschaubares Labyrinth tausender kleiner und kleinster Inseln.

Schwedische Schärenküste

MEHR INSELN ALS MEER

Stockholm

2

Hauptstadt auf Schären

Nicht nur das Stadtzentrum (auf dem Foto), sondern ganz Stockholm wurde auf dieser Inselwelt errichtet. Durch die Landhebung kam es im Laufe der Jahrhunderte zu erheblichen Veränderungen der Topografie des Stadtgebietes.

Wasserstraße im Stadtgebiet

Über 150.000 Sportboote sollen im Stadtgebiet von Stockholm registriert sein. Die Vororte der schwedischen Hauptstadt erstrecken sich nach Osten hin weit hinein in die innig vom Meer durchdrungene Schärenlandschaft.

Schärengarten Blå Kusten

3

3

Schärengürtel

Die Schären des inneren Gürtels sind zwar stellenweise bewaldet oder grasbewachsen, zeigen aber auch noch nackten Fels. Zeitweise reicht hier der Niederschlag für die Pflanzenwelt kaum aus. Da es kein Grundwasser gibt, vertrocknen in heißen Sommern nicht nur Gräser und Kräuter, sondern manchmal auch die Bäume.

Schären

Teilweise vom Inlandeis geschliffenes, nacktes Gestein, teils mit Geschieben und Geröll bedeckter Fels unterschiedlichster Form und Größe – so das Erscheinungsbild zehntausender kleiner Inseln – der Schären.

Schärengarten Blå Kusten

4

4

Schärensiedlung

Einst gab es viele dieser abgeschiedenen Siedlungen, die in den vergangenen Jahrhunderten einen Mikrokosmos bildeten. Ihre Bewohner versorgten sich zum großen Teil selbst: durch Landwirtschaft, Fischfang, Robben- und Vogeljagd. Die Nachteile ihrer Abgeschiedenheit wurden meist ausgeglichen durch die Vorteile der schlechten Erreichbarkeit. So blieben sie oft vor Kriegshandlungen, Seuchen, Steuereintreibern, Räubern oder Hungersnöten verschont.

Harstena

Das unter Denkmalschutz stehende Dorf ist eine der wenigen, heute noch dauerhaft bewohnten Schärensiedlungen – ein beliebtes Ausflugsziel für „Schärenkreuzfahrten". Solche Halbtags- oder Tagestouren gehören an vielen Stellen zum Angebot für Sommertouristen.

Schären auf Engö

5

5

Äußere Schären

Langsam tauchen die vom Inlandeis geschliffenen Felsbuckel als Schären aus dem Meer auf. Wenn auf ihnen noch etwas Geröll oder Sand liegt, bewachsen sie alsbald. Auf dem nackten Gestein dauert es dagegen lange, bis einzelne Pionierpflanzen mit ihre Wurzeln in feinen Spalten eindringen können.

Innere Schären

Mit weiterer Landhebung wachsen die Schären zusammen und werden schließlich zu Halbinseln. Reichern sich zwischen den Geschieben am Ufersaum Nährstoffe an, grünt und blüht es dort oft wunderschön – hier Blutweiderich, Labkraut, Baldrian und Wasserschierling.

Südlich der überaus reich gegliederten schwedischen Schärenküste erstreckt sich vor Småland eine einfacher strukturierte, fast geradlinig verlaufende, ebene Küste. Sie besitzt aber vielerorts einen Saum kleiner Inseln und Buchten. In Blekinge, auf Höhe Karlskrona, biegt die vorher Nord-Süd verlaufende Küstenlinie unvermittelt rechtwinklig ab, verläuft strikt nach Westen – und besitzt wieder einen breiteren Schärenhof.

1

Insel Blå Jungfrun

Mitten im Kalmarsund liegt diese aus roten Granitklippen bestehende Nationalparkinsel. Das nur 66 Hektar große Eiland ist 86 Meter hoch und damit viel höher als die tischebenen Landschaften an beiden Ufern des Kalmarsunds – Öland und Småland. Steile Klippen säumen diese völlig isoliert liegende, besondere Insel. Ihr Inneres ist waldbedeckt; im Norden gibt es weite Flächen völlig kahler, vom Eis geschliffener Granitbuckel. Am Horizont erkennt man die Küste von Småland.

Küste von Småland und Blekinge

LANDSCHAFTSKONTRASTE ZWISCHEN OST UND SÜD

Blekinge-Küste

2

2

Schärenstadt Karlskrona

Im südlichsten Schärengarten Schwedens entstand Karlskrona ursprünglich auf mehr als 30 Inseln und Inselchen. Die 1679 als Flottenstützpunkt von König Karl XI. gegründet Stadt ist heute der Hauptort der Provinz Blekinge. In der klimatisch begünstigten, reich gegliederten Landschaft der Umgebung gibt es zahlreiche Naturreservate. Es sind zwar nicht Tausende von Schären, die hier die Küste säumen. Aber die fast einhundert Inselchen an der Südostspitze Schwedens lohnen durchaus einen Ausflug. *Foto: Visit Karlskrona/HeliAir*

Schären auf Tjärö

Die hohe Insel im Schärengarten von Ronneby, ein vielbesuchtes Naturreservat, zählt zu den landschaftlichen Höhepunkten Blekinges.

< Der für Blekinge typische Karlshamn-Granit fällt auf durch seine großen rötlichen Feldspäte.

Blekinge-Küste

3

3

Fjord westlich Ronneby

Uferwiesen, Schilfgürtel und Schären; dichte Laubwälder mit alten Eichen sowie zahlreiche Bootsstege und -häuser bestimmen das Bild der stillen Buchten und Fjorde in der hügeligen Küstenlandschaft Blekinges – hier bei Dragsnäs unweit Saxemara.

Lindö

Wie an vielen anderen Ostseeufern gibt es auch in Blekinge die charakteristischen Geschiebeblockfelder. Hier an der Außenküste im Naturreservat Lindö südlich von Ronneby sind sie besonders ausgedehnt. Im Flachwasser davor liegen einzelne Schären.

Im Westen von Blekinge

4

Blick nach Hanö

Nach dieser Insel bekam die große Bucht zwischen Blekinge und Schonen ihren Namen. Die autofreie Insel, hier vom Listerhuvud aus gesehen, ist im Sommer ein beliebtes Ausflugsziel.

Hanö fyr

Das Leuchtfeuer des Turmes auf dem 60 m hohen Granitbuckel hat eine Tragweite von 42 km und ist somit das mit der größten im gesamten Ostseeraum.

Im Westen von Blekinge

5

5

Aussicht vom Listerhuvud

Der weite Blick über die Pukaviks-Bucht reicht hier zum Festland bei Karlshamn, zu den flachen Ufern im Westen Blekinges. Wie an manch anderer Stelle der schwedischen Küste dominieren einzelne große Industrieanlagen, vielfach Holzverarbeitungsbetriebe, das Küstenbild.

Sölvesborg

Die kleine Stadt im äußersten Westen Blekinges besticht durch ihre landschaftlich schöne Lage: Vom Norden reicht der Höhenzug Ryssberget mit seinen dichten Laubwäldern bis an den Ort heran, von Süden her eine Bucht der Ostsee.

Die größten Inseln der zentralen Ostsee stellen landschaftlich etwas ganz Besonderes dar. Ihre Küsten werden geprägt von den uralten Ablagerungsgesteinen der Osteuropäischen Tafel. Auf langen Abschnitten der Ufer bildet Kalkstein markante Kliffe. An vielen Stellen trifft der Strandwanderer auf bizarre Felsformationen. Auffallende Geländestufen verlaufen auf weiten Strecken parallel zu den Inselküsten – teils als Steilufer, teils etwas landeinwärts. Dieser „Baltische Glint" – zwei etwa parallel verlaufende, viele Millionen Jahre alte Schichtstufen (S. 82) – verleiht manchen Ufern einen einzigartigen, stellenweise exotischen Charakter.

1

Kalkstein-Kliff südlich Byxelkrok auf Öland

Das farbintensive Steilufer aus Rotem Orthocerenkalk zeichnet den Baltischen Glint nach – eine bereits lange vor der Eiszeit angelegte Steilstufe. Sie entstand während einer viele Millionen Jahre dauernden Festlandsphase, in der ein aus Nordosten kommender Fluss im heutigen Ostseebecken eine Schichtstufen-Landschaft modellierte.

Öland und Gotland

DIE GROSSEN KALKSTEININSELN

Insel Öland

2

2

Die Rauken von Byrum

Die Insel Öland besteht aus Kalkstein. Die Schichten des etwa 480 Millionen Jahre alten Orthocerenkalkes aus dem Ordovizium liegen hier als flach nach Osten geneigte Platte. An der Westküste – am Kalmarsund – bildet dieser „Ölandstein" an vielen Stellen die Steilufer. Hier bei Byrum formten Meer und Frost originelle Felsgebilde („Rauken").

Abrasionsplatte

Die horizontal lagernden Schichten von Orthocerenkalk – hier in seiner grauen Variante nördlich von Byxelkrok – zeigen zahlreiche, bis meterlange Abdrücke von Kopffüßern.

< Nach diesen fossilen Kopffüßern, Orthoceren, bekam der öländische Kalkstein seinen Namen.

Insel Öland

3

3

Ufer bei Byxelkrok

Plattige Strandsteine aus Orthocerenkalk findet man besonders dort, wo früher Kalkstein abgebaut wurde. Dazwischen gedeiht heute der Meerkohl, die stattlichste aller „salzholden" Pflanzen, besonders prächtig.

Schleifmühle

Der leicht spaltbare „Ölandstein" wird seit über 800 Jahren an der Westküste der Insel abgebaut. Besonders im Mittelalter war er in den Städten rund um die Ostsee als Fußbodenbelag und Werkstein äußerst begehrt. Er wurde hier vor Ort formatiert und geschliffen – so auch mit dieser historischen Schleifmühle bei Jordhamn.

Insel Öland

4

4

Kliff am Glint

Über Jahrtausende arbeitete das Meer an der Steilstufe des Glintes. Es formte dieses Kliff und schleuderte Massen von Kalksteinbruchstücken über seine Kante. Dort entstanden ausgedehnte Strandwälle – die bekannten „Neptuns Felder", so genannt wegen dem dort im Sommer üppig blühenden Natternkopf.

5

Die Karlsinseln

Die beiden Kalksteininseln Stora Karlsö und Lilla Karlsö liegen nur wenige Kilometer von der Westküste Gotlands entfernt. Sie erscheinen von fern wie flache Tafelberge in der Ostsee. In ihren Steilufern gibt es gewaltige Brandungshöhlen. Es sind streng geschützte Naturreservate.

Ölands flache Ostküste

Hier tauchen die leicht nach Osten geneigten Kalksteinschichten ins Meer ab. Feuchte Uferwiesen, schmale Sandstrände sowie zahlreiche Geschiebe dominieren diese wenig dynamisch erscheinende Außenküste.

Insel Gotland

5

Stora Karlsö

Mit ihren hohen, steilen Kalksteinkliffen und bizarren Felsgebilden zählt die Große Karlsinsel zu den landschaftlichen Höhepunkten an der Ostsee.

Vogelfelsen auf Stora Karlsö

Die Brutkolonien von Trottellummen und Tordalken in den Kliffen von Stora Karlsö sind einzigartig im Ostseeraum.

Insel Gotland

6

Hoburgen

Ganz Gotland und seine vorgelagerten Inseln bestehen aus fossilreichem Kalkstein, der vor etwa 420 Millionen Jahren in einem flachen, warmen Meer entstand. Auch hier an der Südspitze von Gotland bildet solcher Kalkstein das markante Steilufer.

Orchideenwiese

An vielen Stellen auf Gotland gibt es prachtvolle Bestände kalkliebender Orchideen – hier auf Stora Karlsö.

< Knabenkraut wächst in vielen Arten auf den Kalksteininseln

Insel Gotland

7

7

Högklint bei Visby

Der für Gotland charakteristische massige Kalkstein bildet auch hier, am „Hausberg" von Visby, das fast 50 Meter hohe Steilufer. Solche beeindruckenden Kliffe gibt es vor allen Dingen an der Nordwestküste der Insel.

Hansestadt Visby

Die dreieinhalb Kilometer lange mittelalterlichen Stadtmauer von Visby ist nahezu vollständig erhalten. Das aus hellem gotländischen Kalkstein errichtete gewaltige Bauwerk kündet noch heute von Größe und Macht der zeitweise bedeutendsten und reichsten aller Hansestädte im Ostseeraum.

Insel Gotland

8

Das Sigsarve-Kliff

Wellenschlag und Verwitterung formten die malerischen Uferfelsen aus silurischen Riffkalken im größten Naturschutzgebiet Gotlands, im Hall Hangvars Naturreservat.

Hallshuk

Fossilreiche Kalksteine bilden dieses markante Kliff im Nordosten Gotlands. Der Strand davor ist reich an Versteinerungen.

< Das warme Silurmeer war reich an Leben – Fossilien aus dieser Zeit von den Gotländer Stränden.

Insel Fårö

9

Raukarformation am Langhammarshammaren

Die spektakulärsten aller Felsformationen rund um die Ostsee liegen an der Nordküste der „Schafinsel" Fårö. Diese bis zu acht Meter hohen Säulen aus 420 Millionen Jahre altem Korallenkalk des Silur ähneln jenen Riffpfeilern, die heute vor den Saumriffen tropischer Meeresküsten stehen.

Helgumannen

Diese historischen Fischerhütten im Nordosten von Fårö stehen auf Strandwällen, die erst vor wenigen Jahrhunderten entstanden.

Spektakuläre Kalksteingebilde in der Lautervik vor Fårö >

Auf einer Entdeckungsreise längs der abwechslungsreichen Küsten Bornholms trifft man auf sehr unterschiedliche Uferformen und Gesteine. Ja, man hat den Eindruck, eine „Zusammenfassung" aller Küsten der Ostsee zu erleben. Sandstrände und Granitsteilufer, Felsenkliffe und Dünenheide, Mergel und Kreide, Tonschiefer und Sandstein... Manche Uferwanderung erscheint dem Sachkundigen wie ein Gang durch die Erdgeschichte. Und man muss keinesfalls weite Strecken zurücklegen, um die ungewöhnliche landschaftliche Vielfalt der Inselküste zu erleben.

1

Blick zur Burgruine Hammershus und zur Hammer-Halbinsel an der Nordwestspitze Bornholms

Eine der großartigsten Szenerien an den Küsten der Ostsee bietet sich hier dem Wanderer vom Hochuferweg durch die Schloßheide, dem „schönsten Wanderweg im Königreich" der Dänen.

Bornholm

VIELFALT AUf KLEINSTEM RAUM

Nordküste

2

2

Svaneke

Das freundliche Städtchen im äußersten Nordosten der Insel ist fest auf Granit erbaut – auf Svaneke-Granit. Nahe dem Leuchtturm des Ortes bildet der Granit diese mit farbintensiven Flechten bewachsenen Klippen, wie man sie in vielerlei Form (auch aus Gneis) an zahlreichen anderen Stellen der Nordküste Bornholms findet.

Helligdomsklippen

An keinem anderen Ufer der Ostsee bilden kristalline Gesteine solche markanten Klippen wie hier an Bornholms felsiger Nordküste.

Erbseninseln

3

3

Christiansø

Die Erbseninseln (Ertholmene), 18 km nordöstlich Bornholm gelegen, sind die südlichsten aller Ostseeschären. Sie wurden früher befestigt und mit Kanonentürmen versehen. Geschossen hat man hier kaum, denn feindliche Schiffe hielten meist gebührenden Abstand. Dafür haben hier Seevögel einen idealen Brutplatz – Blick nach Frederiksø.

Hammerodde

Die Nordwestspitze Bornholms mit ihren gewaltigen Granitklippen liegt auf der Hammer-Halbinsel. Von hier aus reicht der Blick bis nach Schonen.

Südküste

4

Sose-Bucht

Der besonders feine, weiße Sand im unteren Teil dieses Steilufers enthält etwas Kohle, ist in Binnengewässern abgelagert worden und ungefähr 180 Millionen Jahre alt – eine Ablagerung der Mitteleuropäischen Senke. Schon seit über 5.000 Jahren trägt das Meer diesen Sand ab. Heute bildet er überall an der Südküste Bornholms die schönen, weißen Strände.

Dueodde-Strand

Hier soll es, nach Meinung vieler Bornholmer, den weißesten und breitesten Sandstrand an der Ostsee geben. Sie haben offensichtlich Recht.

< Treibholz an der Sommerodde

Ostküste

5

Balka-Sandstein

Was hier wie eine verfallene Hafenanlage aussieht, ist ein dickbankiger, hellgrauer Sandstein aus dem Kambrium. Diese Meeresablagerung der Osteuropäischen Tafel ist über 500 Millionen Jahre alt und reich an Spurenfossilien – den ältesten Zeugnissen von Leben auf der Insel.

Arnager-Kliff

Der weißliche weiche Kalkstein erinnert an die Schreibkreide von Rügen und Mön. Er stammt zwar auch aus der Kreide, ist aber 30 Millionen Jahre älter. Er lagert auf Grünsanden, die Zeugnis sind einer gewaltigen Transgression – einem weiträumigen Vordringen des Meeres auf das Festland.

Die abwechslungsreichen Küsten der großen Halbinsel Schonen passen so gar nicht in das allgemeine Bild schwedischer Ostseeufer. Nur hier und da trifft man auf die für Schweden charakteristischen Felsküsten aus kristallinen Gesteinen. Auf langen Strecken ähnelt die schonensche Küste eher der in Dänemark – so wie die Halbinsel Schonen und deren Bewohner in Schweden als „nicht typisch schwedisch" gelten. Tatsächlich ist Schonen der geologische Übergang vom nördlichen Mitteleuropa zum skandinavischen Subkontinent. Wie auf Bornholm bestimmen hier gewaltige Tiefenbrüche in der oberen Erdkruste die ungewöhnliche Lagerung der Gesteine, die sich in der vielfältigen Küstenlandschaft widerspiegelt.

1

Strand an der Tobisviken bei Simrishamn

Wer über diesen groben, rötlichen Sand läuft, sinkt ungewöhnlich tief ein. Da hier die einzelnen Sandkörner nur wenig gerundet sind, liegen sie locker gepackt. Herkunftsort des Sandes sind die Uferklippen im Hintergrund – etwa 540 Millionen Jahre alte Sandsteine der Osteuropäischen Tafel.

Schwedens Südküste

HALBINSEL SCHONEN

Stenshuvud

2

2

Stenshuvud

Im Stenshuvud Nationalpark bildet hartes, kristallines Gestein des Baltischen Schildes den „Härtling" des Stenshuvud, der eine markante Landmarke an der Küste von Österlen bildet. Von seiner Kuppe aus hat man eine fantastische Aussicht.

Sandhammaren

Dieser Strand an der Südostecke Schonens wetteifert mit dem der Dueodde auf Bornholm um die größte Breite an der Ostsee. Dabei gibt es bemerkenswerte Unterschiede in Farbe und Körnung des Sandes, der hier etwas dunkler und gröber ist als an Bornholms Südostspitze.

Smygehuk

3

3

Schwedens Südkap

Der etwa 15 Kilometer östlich von Trelleborg gelegene kleine Landvorsprung von Smygehuk ist geologisch ebenso interessant wie geschichtlich. Hier gibt es viel zu sehen: alte Kalkgruben (eine davon bildet heute den Hafen), Kalköfen, versteinerte Seeigel zwischen dem Strandgeröll aus Feuerstein, historische Kaufmannsspeicher mit Kunstausstellungen...

Kåseberga

Ales Stenar bei Kåseberga, östlich Ystad, ist die gewaltigste Steinsetzung an der Ostsee. Sie liegt in beeindruckender Position am Rande des Hochufers, stammt aus dem 9.-11. Jahrhundert und gibt viele Rätsel auf.

Halbinsel Falsterbo

4

Måkläppen

Dieser markante Sandhaken an der Halbinsel Falsterbo ist ein in beständiger Veränderung befindliches Bauwerk des Meeres – ein wertvolles Naturschutzgebiet am Eingang zum Öresund, wichtiges Rast- und Brutgebiet für Seevögel und Ruhezone für Robben.
Foto: Björn Hillarp

Halbinsel Falsterbo

Die üppig blühenden Meersenf-Büsche sind die spätsommerliche Zierde vieler Ostseestrände. Die einjährige, salzliebende Pflanze blüht oft bis zum einsetzenden Frost und gedeiht besonders prächtig an solchen Stellen, an denen nährstoffreiches Angespül zwischen dem Strandsand liegt.

< Auf dem Sandhaken Måkläppen haben Kegelrobben einen ungestörten Ruheplatz.

Kullen

5

5

Der Kullen

Der in Schweden Kullaberg genannte markante Bergrücken aus kristallinem Gestein liegt am Ausgang des Öresundes und schiebt sich als Halbinsel kilometerweit ins Kattegat hinein. Er bildet eine bereits aus großer Entfernung sichtbare Erhebung. Von ihr aus reicht der Blick zur Nordküste der dänischen Hauptinsel Seeland.

Brandung am Kullen

Die Klippen an der Spitze des Kullen bilden das dramatische Finale einer über 7.000 Kilometer langen Ostsee-Rundreise, die dieses Buch zeigt und beschreibt – die landschaftliche Vielfalt und Schönheit der Ufer des MARE BALTICUM.

Rolf Reinicke

geboren 1943, Geologe, Landschaftsfotograf, Ostseefachmann, war drei Jahrzehnte am Deutschen Meeresmuseum in Stralsund tätig. Unter seiner Leitung entstanden dort die beiden Außenstellen Natureum Darßer Ort und Nautineum Dänholm. Mehrere seiner über 30 Bücher wurden zu Bestsellern, so auch die im Demmler Verlag erschienenen Bände „Steine am Ostseestrand“ und „Rügen – Strand und Steine“.

www.kuestenbilder.de

Inge Reinicke

pensionierte Gymnasiallehrerin, ist zusammen mit ihrem Ehemann unterwegs an den Küsten. Gemeinsam entdecken und erleben sie seit drei Jahrzehnten systematisch die Landschaften rings um das Mare Balticum. Sie dokumentiert die Reisen und wirkt intensiv mit an den Büchern, zeichnet und lektoriert.

Matthias Reinicke

geboren 1968, Buchgestalter, lebt und arbeitet seit vielen Jahren als freier Grafik-Designer in Victoria, BC (Kanada). Er gestaltet Ausstellungen, Briefmarken und natürlich Bücher. Für viele Bücher seines Vaters lieferte er Layout und Grafiken. Der heimatlichen Ostseeküste noch immer verbunden, übernahm er für diese Region die Gestaltung zahlreicher Informationstafeln, beispielsweise zur Küstendynamik in M-V.

www.limedesign.ca

Bibliographische Informationen der Deutschen Nationalbibliothek: Die Deutsche Nationalbibliothek verzeichnet diese Publikation in der Deutschen Nationalbibliographie. Detaillierte bibliographische Daten sind im Internet abrufbar unter: https://portal.dnb.de

Demmler Verlag GmbH
Rolf und Matthias Reinicke
Mare Balticum
Texte und Fotos: Rolf Reinicke
Grafiken und Layout: Matthias Reinicke
Lektorat: Inge Reinicke

ROLF UND MATTHIAS REINICKE
MARE BALTICUM
1. AUFLAGE 2018
ISBN 978-3-944102-25-2

An der Bäderstraße 7c
18311 Ribnitz-Damgarten
www.demmlerverlag.de

Gedruckt in Mecklenburg-Vorpommern:
optimal media GmbH
Printed in Germany

Bücher von Rolf Reinicke im Demmler Verlag

Bild-Text-Bände

Mönchgut	ISBN 978-3-910150-92-8
Usedom	ISBN 978-3-910150-91-1
Stralsund und der Strelasund	ISBN 978-3-910150-93-5
Rügen Landschaften	ISBN 978-3-944102-10-8

Strandfunde und Geologie

Steine am Ostseestrand	ISBN 978-3-910150-75-1
Funde am Ostseestrand	ISBN 978-3-910150-76-8
Rügen Strand & Steine	ISBN 978-3-944102-00-9
Feuersteine Hühnergötter	ISBN 978-3-910150-78-2
Nordseefunde	ISBN 978-3-910150-85-0
Kliff & Strand	ISBN 978-3-910150-89-8
Steine in Norddeutschland	ISBN 978-3-910150-96-6
Pflanzen am Ostseestrand	ISBN 978-3-944102-13-9

Die Autoren danken dem Geologen Dr. Karsten Obst für die Durchsicht des Manuskripts und seine fachlichen Hinweise.

MARE BALTICUM

Die Küsten der Ostsee besitzen eine beeindruckende landschaftliche Vielfalt und eine überaus reiche Natur. Dieses Buch vermittelt dazu eine Übersicht.

In 18 Kapiteln wird die gesamte Küste der Ostsee vorgestellt – eingeteilt in jene Abschnitte, welche die Karte zeigt.

KÜSTENLÄNGE DER OSTSEE

Gesamt (exakt mit Inseln und Buchten) über 22.000 km

Gesamt (generalisiert) 7.080 km
davon
Dänemark 800 km
Deutschland 470 km
Polen 380 km
Litauen 75 km
Lettland 475 km
Estland 680 km
Russland 510 km
Finnland 1.230 km
Schweden 2.460 km